52 SONNTAGSKUCHEN

52 SONNTAGSKUCHEN

Süße Verführungen aus der Metropolregion Rhein-Neckar

höma VERLAG

Prominente verraten ihr Lieblingsbackrezept

Süße Versuchungen

Fast jeder von uns hat seinen Lieblingskuchen, seinen persönlichen Sonntagskuchen. Und selbst in Zeiten von Slimfast, Fast Food und fast-dauernd-auf-die-Linie achten, lassen wir uns verführen – eine süße Verführung in diesem Fall.

Mit dem Sonntagskuchen-Buch wollen wir Ihnen für jede Woche des Jahres mit einem neuen Rezept Appetit machen und vielleicht den einen oder anderen auf den Geschmack bringen eine neue verführer-ische Entdeckung zu machen.

Heinrich Rottmüller, der lange Jahre in der BASF bewies, dass das Unternehmen durchaus auch eine gute Küche für Mitarbeiter und Gäste bietet, hatte die Idee und sammelte auch selbst über Jahre Rezepte.

Doch wir wissen, dass auch viele Prominente aus der Metropolregion Rhein-Neckar ihren Lieblingskuchen haben und so manche Lebenserinnerung daran verknüpft ist.

Gemeinsam mit dem Rhein-Neckar-Fernsehen dessen Geschäftsführer Bert Siegelmann mit zu den Motoren der Metropolregion zählt, möchten wir allen Genießern mit diesem Buch eine Freude machen.

Zu den Mitstreitern zählt auch Peter Görtz. Er war sofort dabei das Projekt zu unterstützen, als er hörte, dass von jedem verkauften Buch ein Euro für ein soziales Projekt in der Region fließt. Mit seiner expandierenden Bäckerei-Kette hilft er nicht nur beim Buchverkauf sondern wird in seinen Filialen jeden Monat einen der ausgewählten Kuchen seinen Kunden anbieten.

Der Journalist Axel Sonntag hat mit viel Engagement das Gespräch mit den Prominenten gesucht und bei der Recherche wohl selbst noch so manche Idee für einen neuen Lieblingskuchen entdeckt. Mit Björn Iversen haben wir einen Fotografen gewonnen, der unsere leckeren Kuchen ins rechte Bild rückte.

Ich wünsche Ihnen viel Erfolg beim Backen. Schmökern Sie aber auch in den Geschichten und Geschichtchen unserer prominenten Backkünstler.

Viel Spaß wünscht

Ihr

Dieter Mauer

Inhalt

„Es muss nämlich nicht immer die Sterneküche sein.
In Sachen Sonntagskuchen bin ich Fan von etwas schlichtem."

Karl-Emil Kuntz, Sternekoch

Karl-Emil Kuntz

Sternekoch

Sie können sich vielleicht vorstellen, welche Ehre es ist, für unseren Bundespräsidenten ein Potpourri von Steinbutt, Flusszander und Jakobsmuscheln mit mildem Curry-Cappuccino zu kreieren. Diese Ehre hatte ich vor fünf Jahren, als Horst Köhler mit seiner Frau in meinem Restaurant zu Gast war. Kochen auf höchstem Niveau ist für mich und meine Familie Passion und Berufung, gar keine Frage. Kochen ist aber auch Abwechslung und Vielfalt. Es muss nämlich nicht immer die Sterneküche sein. In Sachen Sonntagskuchen bin ich Fan von etwas schlichtem: dem Ameisenkuchen. Meine Oma Maria hat diesen Kuchen immer gerne gebacken, wenn meine Spielkameraden zu Besuch waren: Zum einen, weil wir ihr dabei helfen durften und zum zweiten, weil wir den Kuchen dann gemeinsam gegessen haben. Dazu gab es immer zuckersüße, warme Schokolade. Eine wirklich schöne Kindheitserinnerung! Den Ameisenkuchen nach zu backen, ist eigentlich sehr einfach. Ein Tipp noch: Lassen Sie die Masse nicht zu lange laufen, damit der Kuchen später nicht speckig wird.

Ameisenkuchen

250 g	Butter
150 g	Zucker
1 TL	Vanillezucker
	Schale von 1 Zitrone
8	Eigelbe
275 g	Mehl
100 g	Speisestärke
10 g	Backpulver
8	Eiweiße
100 g	Zucker
100 g	Bitterkuvertüre
100 g	Nougat (schnittfest)

Für den Teig Butter, Zucker, Vanillezucker und geriebene Zitronenschale schaumig rühren. Nach und nach die Eigelbe unterrühren.

Die Eiweiße mit dem Zucker steif schlagen (Achtung, hierfür ein absolut sauberes Gefäß zum Schlagen benutzen, da es ansonsten nicht klappt!).

Mehl, Speisestärke und Backpulver mischen und abwechselnd mit der Eiweißmasse unter die Buttermasse heben.

Zum Schluss die geriebene Kuvertüre und den in Würfel geschnittenen Nougat unter den Teig heben. Anschließend den Teig in eine gebutterte und gemehlte Napfkuchenform (24 cm) füllen.

Im zwischen 160 und 180 Grad vorgeheizten Backofen etwa 60 Minuten lang backen.

Jetzt den Kuchen ungefähr zehn Minuten in der Form stehen lassen, danach auf einen Kuchenrost stürzen und erkalten lassen.

Als man mich gebeten hat, für dieses Buch mein liebstes Kuchenrezept aufzuschreiben, ist die Wahl sofort auf das Apfelgratin meiner Großmutter gefallen. Das mag damit zusammenhängen, dass Äpfel einfach mein liebstes Obst sind. Erst recht, wenn es so viele Apfelbäume mit einer Vielzahl von Apfelsorten gibt, wie hier bei uns in der Pfalz. Meine Großmutter, die aus einer Bäckerfamilie stammt, hat ihren Enkeln zu jedem Geburtstag den jeweiligen Lieblingskuchen gebacken. Aus meiner Vorliebe für Äpfel hat meine Oma ein herrliches Apfelgratin entwickelt. Und dieses musste unter allen Umständen mit den Früchten von Großmutters Apfel-Baum gebacken werden, unter dem ich als Kind oft gespielt habe. Leider bleibt mir jetzt als Staatsministerin so gut wie keine Zeit mehr, diesen Sonntagskuchen zu backen. In dieser Form kann ich ihn nur noch bei meiner Schwägerin essen (zum Glück!). Aber wer weiß, vielleicht verbreitet sich er ja nun durch dieses Buch. Als ausgefallene Form von „Nervennahrung" kann ich ihn jedenfalls wärmstens empfehlen.

Staatsministerin bei der Bundeskanzlerin

Maria Böhmer

Apfelgratin

Teig

1.000 g	Äpfel (Vorschlag: Golden Delicious aus der Pfalz)
2 EL	Zucker
1 TL	Zimt
1 Pr.	Nelkenpulver
	Saft einer Zitrone
1 Glas	Pfälzer Weißwein oder Apfelmost
80 g	Rosinen (1 Tag vorher in etwas Rum einweichen)
200 g	Crème fraîche (zum Servieren)

Streusel

100 g	Mehl
50 g	Zucker
1 MP	Salz
60 g	geschmolzene Butter

Die Äpfel schälen, vierteln, das Kerngehäuse entfernen und die Viertel noch einmal halbieren. Mit Zucker, Zimt, Nelkenpulver, Zitronensaft und dem Wein aufsetzen und zugedeckt leicht köcheln lassen, bis die Äpfel gerade gar, aber noch nicht weich sind. Die Flüssigkeit sollte so gut wie verkocht sein.

Die eingeweichten Rosinen untermischen und alles in eine flache Gratinform geben.

Für die Streusel Mehl, Zucker, Salz und Butter miteinander verrühren. Die Streusel bilden sich fast automatisch. Diese dann auf die Apfelmasse streuen. Anschließend das Apfelgratin unter der Oberhitze im Ofen bei etwa 200 Grad gut 20 Minuten gar werden lassen. Danach noch unter dem Grill oder bei verstärkter Oberhitze leicht anbräunen.

Zum noch warmen Apfelgratin die gut gekühlte Crème fraîche servieren, die man nach Belieben auch noch mit Calvados verfeinern kann.

Tipp: Auf Mürbeteig gesetzt, lässt sich das Apfelgratin zu einem Apfelkuchen abwandeln. Wer keine Rosinen mag, kann sie einfach weglassen oder durch gehackte Walnüsse ersetzen, das verleiht dem Apfelgratin einen noch intensiveren Geschmack.

Hans-Dieter Schlimmer

Wie sich die Zeiten doch ändern. Vor allem in kulinarischer Hinsicht! Nehmen Sie die Anzahl der TV-Kochshows. Oder wie viele Rezeptbücher es gibt bzw. wie viele Rezepte über verschiedenste Internet-Seiten abrufbar sind. Unglaublich. Wenn ich da an meine Mutter zurück denke, frage ich mich, warum ihre Kuchen und Torten auch stets ohne Rezeptbuch und selbst ohne Auswiegen der Zutaten ein fortlaufender Genuss waren. Das ist heute doch gar nicht mehr vorstellbar, blind die richtige Menge Zucker und die richtige Menge Butter „auszuknobeln". Es muss wohl die permanente Übung und Wiederholung gewesen sein, denn bei vier Jungs zu Hause ging es hoch her und wir alle haben immer ordentlich „reingehauen". Teilweise kam unsere Mutter mit dem Backen gar nicht mehr nach. Besonders gemundet hat uns allen immer dieser Apfelkuchen. Zugegeben, es ist ein einfacher Kuchen, aber einer, den ich bis heute gerne genieße. Am liebsten ganz frisch, wenn der Puderzucker gerade auf den Kuchen gekommen ist. Dann schmeckt er am allerbesten!

Oberbürgermeister
Landau

375 g	Mehl
105 g	Zucker
190 g	Butter
2	Eier
1 Pr.	Salz
5 – 6	mittelgroße Äpfel
	Rosinen
	Zimt

Die Butter mit dem Zucker und den zwei Eiern schaumig rühren. Nach und nach das Mehl und eine Prise Salz hinzugeben.

Zwei Drittel des Teiges in eine Springform auslegen, dabei auch den Rand der Form mit Teig auslegen (ca. 3 cm hoch).

Die Äpfel schälen, vierteln und direkt auf den Teig legen. Je nach Geschmack Rosinen und Zimt darüber geben.

Danach das restliche Drittel des Teiges als Deckel auf die Äpfel legen. Mit einer Gabel in den „Teigdeckel" des Kuchens mehrfach einstechen.

Bei 160 Grad den Apfelkuchen etwa 60 Minuten lang backen.

Den erkalteten Kuchen mit genügend Puderzucker bestreuen und schnell servieren.

Apfelkuchen

Eva Lohse

Oberbürgermeisterin Ludwigshafen

„Zwischen Mehl und Milch, macht so mancher Knilch eine riesengroße Kleckerei. In der Weihnachtsbäckerei, in der Weihnachtsbäckerei." Rolf Zuckowskis Klassiker wird mich immer an die Weihnachtszeit, an das Plätzchen backen mit den Kindern, erinnern. Insofern hätte ich für dieses Buch am liebsten mein Plätzchen-Rezept beigesteuert. Aber es soll ja ein Kuchenrezept für den Sonntagnachmittag sein. Deshalb habe ich mich für meinen saftigen Apfelkuchen mit Marzipanhaube entschlossen. Der Grund ist einfach: Marzipan liebe ich mindestens genauso wie Spritzgebäck und Co. Außerdem ist der Kuchen vergleichsweise einfach zuzubereiten. Er nimmt bei weitem nicht so viel Zeit und Arbeit in Anspruch wie zum Beispiel eine dreistöckige aufwändig gebackene Buttercreme- oder Sahnetorte. Mit solch komplizierten Tortenexemplaren möchte ich mich gar nicht erst auseinandersetzen, deren Kalorienzahl mal ganz außen vor gelassen. Variantenreiche Apfelkuchen sind mir da eine willkommene Alternative, erst recht, wenn frisch geerntete Äpfel aus der Pfalz zum Einsatz kommen.

Apfelkuchen mit Marzipanhaube

200 g	Butter
230 g	Zucker
3 EL	Zitronensaft
5	Eier
300 g	Mehl
1 TL	Backpulver
1.000 g	Äpfel
100 g	Marzipanrohmasse
1 TL	Speisestärke
1 TL	Zimt
2 EL	Aprikosenkonfitüre
2-3 EL	Mandelblättchen

Butter, 200 g Zucker und Zitronensaft in eine Rührschüssel geben und schaumig schlagen. Vier Eier nach und nach einarbeiten. Das Mehl mit dem Backpulver mischen und löffelweise unterrühren.

Den Teig in eine gefettete Springform (26 cm) geben und glatt streichen. Die Äpfel schälen, halbieren und entkernen. Mit der Schnittfläche nach unten auf den Teig legen.

Das übrige Ei trennen. Das Eigelb mit 30 g Zucker schaumig schlagen. Die Marzipanrohmasse fein würfeln und so lange mit der Eigelb-Mischung verrühren, bis eine cremige Masse entsteht.

Das Eiweiß steif schlagen und hinzufügen. Die Speisestärke mit 1 TL Mehl und dem Zimt mischen und darüber auf die Masse sieben. Alles mit einem großen Schneebesen vorsichtig vermischen. Die Masse auf den Kuchen geben.

Im auf 180 Grad vorgeheizten Backofen den Kuchen etwa 50 Minuten lang backen. Die Oberfläche nach etwa 40 Minuten mit Alufolie bedecken, damit der Kuchen nicht zu dunkel wird.

Den Kuchen abkühlen lassen. Die Konfitüre kurz in der Mikrowelle erwärmen. Damit den Kuchenrand bestreichen und mit Mandelblättchen verzieren.

Sabine Röhl

Landrätin
Kreis Bad Dürkheim

Wie recht hatte doch König Ludwig I., als er die Pfalz als den „Garten Deutschlands“ anpries. Vor allem die Bauern in der Vorderpfalz können stolz sein auf ihre leicht erwärmbaren sandigen Böden, die sich hervorragend zum Anbau heimischer Äpfel nutzen lassen – wie zum Beispiel in Weisenheim am Sand. Eigentlich logisch, dass deshalb mein Sonntagskuchen der gedeckte Apfelkuchen mit heimischen Äpfeln ist. Schon mit zwölf Jahren habe ich ihn gebacken, weil ich mit frühen Jahren auch einmal etwas zur sonntäglichen Kuchentafel beitragen wollte (was mir auch gelungen ist!). Bis heute liebe ich diesen säuerlichen Geschmack von Äpfeln mit Zucker und Zimt in Kombination mit einem Mürbeteig, der seinem Namen alle Ehre macht. Nehmen Sie also unbedingt Butter und keine Margarine! Ein weiterer Grund, warum ich meinen gedeckten Apfelkuchen so liebe, ist der Zeit-Faktor. Er lässt sich schnell und unkompliziert zubereiten. Denn zu aufwändige Kuchen (wie Sahne- oder Buttercreme-Torten) sind mir definitiv zu arbeitsintensiv.

Teig

300 g	Mehl
2 TL	Backpulver
100 g	Zucker
1 Pk.	Vanillezucker
	Salz
½	Eigelb
1	Eiweiß
1 EL	Milch
150 g	Butter

Apfelfüllung

2.000 g	säuerliche Äpfel
50 g	Rosinen
½ TL	Zimt
50 g	Zucker (zum Andünsten)
50 g	Zucker (zum Abschmecken)
	Rum-Aroma (zum Abschmecken)
½	Eigelb (zur Teig-Glasur)
1 EL	Milch (zur Teig-Glasur)

Gedeckter Apfelkuchen

Mehl und Backpulver miteinander vermischen, auf die saubere Tischplatte zu einem Berg sieben. In dessen Mitte dann eine Vertiefung eindrücken. Zucker, Vanillezucker, Salz, Eigelb, Eiweiß und Milch in die Vertiefung hineingeben. Die Butter in Stücke schneiden und dazu geben. Die Butter mit Mehl bedecken. Von der Mitte aus alle Zutaten schnell zu einem glatten Teig verkneten. Sollte die Masse kleben, diese eine Zeit lang kalt stellen.

Knapp die Hälfte des Teiges auf dem Boden einer mit Butter gefetteten Springform (Durchmesser 26 cm) ausrollen. Diesen Teig dann im vorgeheizten Backofen bei 200 bis 225 Grad 15 bis 20 Minuten lang backen.

Währenddessen die Äpfel schälen, vierteln, entkernen und in Stücke schneiden. 1 EL Wasser in einen Topf geben. Darin die Äpfel mit Zucker, Zimt und Rosinen unter Rühren dünsten, danach kurz abkühlen lassen. Mit Zucker und Rum-Aroma abschmecken.

Den übrigen Teig zu einer Platte in der Größe der Springform ausrollen. Den Rest zu einer Rolle formen, diese dann als Rand auf den vorgebackenen Boden legen und an die Seite der Springform drücken (etwa 3 cm hoher Rand). Jetzt die Apfelmasse auf den Boden streichen und die Teigplatte darauf legen.

Eigelb und Milch verrühren, damit den „Teigdeckel" bestreichen, mit einer Gabel mehrfach durchstechen. Abschließend erneut bei 200 bis 225 Grad 20 bis 30 Minuten lang backen.

Theresia Riedmaier

Wenn man wie ich in einem kleinen Dorf im Freistaat Bayern aufgewachsen ist, dann weiß man, was es heißt, den Sonntag zu heiligen. Als Teil davon hat meine große Familie auch die sonntägliche Kaffee-Tafel regelrecht „zeremoniert". Mehrere Kuchen wurden immer schon am Sonntag gebacken. Auch heute noch empfinde ich eine schöne Kaffee-Tafel am Sonntag Nachmittag als einen echten Höhepunkt am Wochenende. Vor allem, wenn man wenig Zeit hat – ich bin ja oft auch an den Wochenenden dienstlich unterwegs – brauche ich solche „kleine Fluchten ins Private". Diese, wie ich sie nenne „blaue Stunden", genieße ich dann mit meinem Lebensgefährten. Bei Kaffeeduft, schönem Geschirr, Blumen und Kerzen auf dem Tisch und klassischer Musik geht mir beim Genuss meines versunkenen Apfelkuchens so richtig das Herz auf. Glauben Sie mir, auf meinen versunkenen Apfelkuchen bin ich richtig stolz, deshalb kann ihn zum Nachbacken nur jedem empfehlen. Wer keine Äpfel mag, kann ihn auch ganz leicht mit Aprikosen oder Kirschen abwandeln (siehe Rezept-Tipp).

Landrätin Kreis Südliche Weinstraße

Versunkener Apfelkuchen

Zuerst die Äpfel vierteln, schälen, die Kerngehäuse entfernen und an der Oberfläche einschneiden, so dass sich später beim Backen Fächer bilden können.

Die Äpfel mit Zimt überbestreuen und mit Grand Marnier beträufeln. Kurz einziehen lassen.

Die weiche Butter mit dem Zucker schaumig rühren. Dies dauert erfahrungsgemäß ungefähr acht (!!!) Minuten, dann haben sich die Zuckerkristalle aufgelöst. Während des Rührens den Vanillezucker und eine Prise Salz hinzugeben. Nacheinander drei Eier hinzugeben und weiter rühren, bis sich eine lockere, schaumige Masse bildet.

Mehl, Mandeln und Backpulver vermischen, unter die schaumige Rührmasse heben und mit der Milch zusammen verrühren.

Eine Springform fetten und leicht mit Mehl bestäuben. Den Teig hineingeben, glatt streichen und die vorbereiteten Apfelstücke dicht an dicht in den Teig drücken. Im auf 160 Grad vorgeheizten Backofen 35 Minuten backen. Nach dem Abkühlen mit Puderzucker bestäuben.

Tipp: Je nach Saison lässt sich der Kuchen gut variieren. Im Sommer eignen sich statt der Äpfel auch Aprikosen oder Kirschen. Als „Winterkuchen" dem Teig zwei bis drei Esslöffel Kakaopulver und gehackte Nüsse zufügen und – anstatt des frischen Obstes – Kirschen aus dem Glas nehmen. Diese zuvor gut abtropfen lassen und anstatt Grand Marnier Kirschwasser verwenden.

550 g	Äpfel (z. B. Cox Orange, Rubinette oder Elstar)
¼ TL	Zimt
3 EL	Grand Marnier
100 g	weiche Butter
100 g	Zucker
1 Pk.	Vanillezucker
1 Pr.	Salz
3	Eier
100 g	Mehl
100 g	gemahlene Mandeln
2 EL	gehackte Mandeln
1 ½ TL	Backpulver
3 – 4 EL	Milch
	Puderzucker

Daniel Sautter

Als Schwabe glücklich in Baden? Klar geht das. Schließlich habe ich aus meiner schwäbischen Heimat ja etwas nach Baden „importiert", nämlich meine Apfelküchle. Und, wie ich feststelle, sind Genuss und Geschmack auch den Badenern näher als manch Gebietsgrenze. Besonders im Spätjahr, wenn ich für Freunde und Bekannte die Apfelküchle frisch zubereite. Mit besten, sonnengereiften Äpfeln von der Streuobstwiese meiner Eltern. Das ist mein Sonntagskuchen, der mich immer an meine Kindheit erinnert. Als es bei uns zu Hause die Apfelküchle gab, haben auch meine Klassenkameraden begeistert zugegriffen. Zugreifen tun meine Gäste auch heute noch, es gab noch niemand, dem meine Apfelküchle nicht geschmeckt haben. Aus gutem Grund: Ich variiere sie jedes Mal beim Zubereiten, verwende mal Kirschen statt Äpfel oder verfeinere sie mit Nüssen. Mit entsprechenden Backformen lassen sich sogar richtige Muffins daraus machen. Egal wie – eines steht fest: Apfelküchle zu backen, ist für mich Entspannung pur. Besser als jede Tasse Entspannungs-Tee.

Geschäftsführer
Sportregion
Rhein-Neckar

Apfelküchle

125 g	Margarine
150 g	Zucker
½ Pk.	Vanillezucker
2	Eier
250 g	Mehl
2–3 EL	Milch
2 TL	Backpulver
2–3	Äpfel
	Zitronensaft
	Zimt
	Puderzucker

Die Äpfel schälen, entkernen und in kleine Würfel schneiden. Danach mit etwas Zitronensaft beträufeln und mit Zimt vermengen. Je nach Belieben mit Zucker leicht süßen.

Margarine, Zucker und Vanillezucker schaumig rühren. Nach und nach die zwei Eier zugeben.

Mehl und Backpulver vermengen und zusammen mit der Milch zwischen die Zuckermasse geben. Den Teig weiter rühren, so lange, bis er schwer reißend ist.

Die Äpfel zugeben und vermischen, anschließend etwa einen gehäuften Esslöffel Teig in insgesamt 18 bis 20 Papierförmchen geben.

Im Backofen zwischen 160 und 180 Grad 20 bis 25 Minuten lang goldgelb backen.

Die Apfelküchle auskühlen lassen, mit Puderzucker bestäuben und frisch genießen.

Als zumeist einzig freier Tag der Woche hatte und hat der Sonntag in Händlerfamilien stets einen besonderen Stellenwert. Bereits in meinem Elternhaus gehörte der traditionelle Sonntagskuchen neben dem Kirchgang zum festen Bestandteil unseres gemeinsamen Familienwochenendes. Eine wertvolle Tradition, die ich in meiner eigenen Familie weiterlebe und meinen Kindern weitergebe. Vor allem, seit sich unser Unternehmen zu einem der bedeutendsten Anbieter von Kaffee- und Espre‹ssoautomaten entwickelt hat. Schließlich gehört zu jedem schönen Stück Sonntagskuchen auch eine herrlich duftende Tasse Kaffee, frisch zubereitet aus feinsten Kaffeesorten. Noch heute backt meine Frau unseren traditionellen Apfelstrudel nach dem ursprünglichen Rezept aus dem inzwischen schon abgegriffenen und vergilbten original „Koch- und Haushaltsbuch" meiner Mutter aus dem Jahr 1957. Da das Kochbuch damals schon in der 24. Auflage erschienen ist, steht unser Sonntagskuchen also auch für ein gutes Stück deutscher Backkultur und Backgeschichte.

Manfred Schnabel

Präsident
Einzelhandelsverband
Nordbaden

Apfelstrudel

Das Mehl in eine kleine Schüssel sieben und mit Fett oder Öl, Salz und Wasser einen weichen und geschmeidigen Teig herstellen (mit dem Kochlöffel tüchtig schlagen!). Die Oberfläche des Teiges mit Öl bestreichen und mit einer warmen Schüssel bedeckt, die man ab und zu neu erwärmt, 30 Minuten ruhen lassen.

Die Äpfel schälen und in feine Blättchen schneiden. Die Korinthen mit heißem Wasser übergießen, danach die Mandeln in Blättchen schneiden.

Auf einem bemehlten Küchenhandtuch den Teig auswellen und mit den mehlbestäubten Händen dünn ausziehen. Den Teig mit zerlassener Butter oder Öl beträufeln und mit Weckmehl, den Apfelscheiben und den übrigen Zutaten belegen.

Das Tuch an einer Seite hochhalten und das Ganze aufrollen. Den Strudel in eine gefettete Backpfanne legen, mit Fett bestreichen und im auf 180 Grad vorgeheizten Ofen 45 Minuten backen.

Nach dem Backen den Strudel in 5 cm breite Stücke schneiden und mit Zucker bestreuen.

Teig

125 g	Mehl
20 g	Fett oder ½ EL Öl
6–8 EL	lauwarmes Wasser
1	Pr. Salz

Füllung

1.500 g	Äpfel
60 g	Zucker
½ TL	Zimt
70 g	Mandeln
70 g	Korinthen
120 g	Butter
20 g	Weckmehl
60 g	Zucker

Oberbürgermeister
Weinheim

Heiner Bernhard

Ich bin der festen Überzeugung, dass Produkte und Lebensmittel genau dort am besten schmecken, wo sie gewachsen sind. Das trifft natürlich auch auf meinen Sonntagskuchen zu. Nicht ohne Grund möchte ich deshalb für dieses Buch meine Apfeltorte mit Odenwälder Apfelbranntwein zum Besten geben. Viele der Zutaten wachsen in meiner Region, der Bergstraße, praktisch vor der Haustüre. Insofern ist mein Sonntagskuchen viel mehr als „nur" eine Nascherei. Er schlägt die Brücke zur heimischen Landwirtschaft, steht für Gutes von hier. Und er vereint die Familie. Ich sehe den Sonntagskuchen sogar als den Inbegriff von Familienleben. Mit ihm sitzen alle Familienmitglieder an einem großen Tisch, vielleicht im Sommer sogar im Garten unter einem Baum. Die Familie ist versammelt, Enkelkinder, Oma und Opa. Man erzählt und lacht viel. Auf diese Art und Weise wird der Sonntagskuchen richtig zelebriert. Genau das empfehle ich Ihnen für Ihr kommendes Wochenende auch. Laden Sie Ihre Liebsten zu sich ein, und überraschen Sie sie mit dieser Apfeltorte.

Apfeltorte mit Apfelbranntwein

2 Zitronen (unbehandelt)
500 ml Apfelsaft (klar)
100 ml Odenwälder Apfelbranntwein
250 g Zucker
1 Zimtstange
10 kleine Äpfel
125 g Marzipan-Rohmasse
100 g Aprikosen-Konfitüre

125 g Butter
1 Pk. Vanillezucker
3 Eier
150 g Mehl
2 TL Backpulver
75 g Sahne
2 EL Hagelzucker

Die Zitronen waschen. Eine schälen, von der anderen die Schale abreiben. Die Zitronen auspressen. 500 ml Wasser mit dem Apfelsaft, dem Apfelbranntwein, 125 g Zucker, Zimt, Zitronensaft und der abgeschälten Zitronenschale in einem Topf aufkochen.

Die Äpfel waschen, vierteln und deren Kerngehäuse ausstechen. Die geschälten Äpfel im Sud zehn Minuten leicht köcheln. Anschließend die Äpfel abtropfen und auskühlen lassen.

Für die Füllung Marzipan und Konfitüre cremig rühren. Für den Teig die weiche Butter, die übrigen 125 g Zucker, den Vanillezucker und die abgeriebene Zitronenschale cremig schlagen.

Die Eier im Wechsel mit jeweils einem Esslöffel Mehl unterrühren. Dann das restliche Mehl mit dem Backpulver vermischen und zusammen mit der flüssigen Sahne unterrühren.

Den Teig in eine mit Mehl ausgestreute Springform (26 cm Durchmesser) geben und glatt streichen. Die Äpfel auf den Teig setzen, die Marzipan-Masse darauf verteilen.

Im vorgeheizten Backofen bei 175 Grad etwa 60 Minuten backen. Den Kuchen in den letzten 20 Minuten Backzeit zudecken. Nach Wunsch mit Hagelzucker dekorieren.

Werner Knipser

Wenn ein Winzer einen Kuchen vorschlägt, dann werden Sie sicherlich Verständnis dafür haben, dass es kein Marmorkuchen und auch kein Schokoladenkuchen sein kann. Zumal ich ohnehin nur selten für Süßwaren zu begeistern bin. Es sei denn, es handelt sich um einen Blechkuchen mit Riesling-Birnen. Das besondere an diesem Kuchen ist, dass Sie die Birnen erst einmal einkochen und ziehen lassen müssen – und der Kuchengenuss deshalb einige Wochen lang auf sich warten lässt. Dem Geschmack kommt das aber alle Mal zugute, denn dann sind die Birnen bestens mit Riesling durchzogen, und die Sternanis- und Vanille-Noten kommen bestmöglichst zur Geltung. Glauben Sie, ich weiß wovon ich spreche. Wenn Sie die Zutaten, und damit auch den Wein, einkaufen, dann empfehle ich Ihnen einen frischen, säurebetonten Riesling zu nehmen. Er gibt bzw. verleiht den Birnen eine zusätzliche Leichtigkeit. Ich schlage Ihnen also vor: Einen 2009er Riesling trocken, „HPB“ mit 11,6 Prozent Alkohol, 8,5 Prozent Säure, aber nur 0,4 Prozent Restsüße. Auf Ihr Wohl!

Winzer

Blechkuchen mit Riesling-Birnen

eingelegte Birnen

8	Birnen (z. B. Williams-Christ)
750 ml	trockener Riesling
150 g	Zucker
2	Sternanis
1	Vanilleschote

Kuchenteig

4	Eier
200 g	Zucker
220 g	Butter
450 g	Mehl
1 Pk.	Backpulver
125 ml	Milch
	Puderzucker

Die Birnen schälen, entkernen und vierteln. Mit dem Riesling, 300 ml Wasser und dem Zucker zum Kochen bringen. In den Sud zwei Stücke Sternanis und das Mark einer ausgeschabten Vanilleschote geben. Noch heiß in ein Weckglas füllen (Birnen müssen mit Flüssigkeit bedeckt sein) und zwei bis drei Wochen durchziehen lassen.

Die Eier mit dem Zucker schaumig rühren, dann die weiche Butter und das Mehl hinzufügen, ebenso das Backpulver.

Zum Schluss noch die Milch hinzufügen und zu einem glatten Teig verrühren.

Den Teig auf das gefettete, mit Semmelbröseln bestreute Backblech verteilen. Jetzt die abgetropften Birnen auf den Teig legen.

Das Blech auf der zweiten Schiene von unten in den auf 180 Grad vorgeheizten Backofen schieben und etwa 40 Minuten lang backen.

Den Kuchen aus dem Ofen nehmen, abkühlen lassen, mit Puderzucker bestreuen und servieren.

Sagt Ihnen der Begriff „Bodderkauken" etwas? Das ist plattdeutsch und steht für Butterkuchen. In meiner norddeutschen Heimat hat er ungefähr den Stellenwert, den man hierzulande der Dampfnudel einräumt. Zum Glück gibt es den Butterkuchen aber auch in der Pfalz – obwohl er mir in der Lüneburger Heide immer noch ein bisschen besser schmeckt. Dort wird er auf großen Blechen gebacken, früher sogar noch direkt in den Bauernhäusern. Schon beim Duft, den der Kuchen aus der Backröhre verströmt, läuft mir sprichwörtlich das Wasser im Mund zusammen. Und auch schon vorher, wenn ich die Mandeln vor dem Backen kurz in der Pfanne anröste – dann verbreitet sich der Mandelgeruch im ganzen Haus. Herrlich! Das sind handfeste Gründe, warum es zu meinem Sonntagskuchen keine Alternativen in Form von „Zwischendurch-Snacks" wie Salzstangen oder Schokolade geben kann. Denn: Für ein schönes Stück Butterkuchen nehme ich mir gerne etwas mehr Zeit und genieße diesen zusammen – wie könnte es für einen Norddeutschen auch anders sein – mit einer guten Tasse Tee.

Hans-Carsten Hansen

Personalchef
BASF

Butterkuchen

Hefeteig

200 ml	Milch
125 g	Butter
500 g	Mehl
1	Würfel frische Hefe
60 g	Zucker
1 Pk.	Vanillezucker
1 Pr.	Salz
2	Eier

Belag

100 g	kalte Butter
75 g	Zucker
1 Pk.	Vanillezucker
150 g	gehobelte Mandeln

Die Milch in einem Topf erwärmen (nicht kochen) und die Butter darin zerlassen.

Das Mehl in eine große Rührschüssel geben und in die Mitte eine Vertiefung drücken. Die Hefe in kleine Stücke brechen und in die Vertiefung geben, den Zucker und etwas von der Milch hinzufügen. Mit einer Gabel vorsichtig verrühren und den Teig etwa 20 Minuten an einem warmen Ort gehen lassen.

Jetzt die restlichen Zutaten hinzufügen und alles mit einem Mixer (Knethaken) kurz auf niedrigster Stufe verrühren, dann auf höchster Stufe etwa fünf Minuten lang zu einem glatten Teig verarbeiten.

Den Teig nochmals zugedeckt an einem warmen Ort so lange gehen lassen, bis er sich sichtbar vergrößert hat.

Den Teig leicht mit Mehl bestreuen, aus der Schüssel nehmen und ihn auf der sauberen, leicht bemehlten Arbeitsfläche durchkneten. Anschließend ihn auf dem gefetteten Backblech ausrollen. Leichte Vertiefungen in den Teig drücken, die Butter in Flöckchen hinein geben. Den Zucker mit dem Vanillezucker mischen, über den Kuchen streuen und die Mandeln gleichmäßig darüber verteilen.

Im auf 200 Grad vorgeheizten Backofen etwa 20 Minuten backen. Den erkalteten Kuchen in Stücke schneiden und servieren.

Landrat
Rhein-Pfalz-Kreis

Ohne Umschweife, Kochen ist für mich Hobby und Leidenschaft. Dazu stehe ich. Sogar ein paar Kochkurse für Männer habe ich schon absolviert. Dass ich irgendwann auch backen wollte, ist ja dann nur noch logisch. Also habe ich eines Tages aus dem Inhaltsverzeichnis eines Backbuches blind einen Kuchen ausgesucht. Ich landete bei der Rokoko-Torte. Ein schöner Name, der aber meinem Back-Ergebnis ganz und gar nicht gerecht wurde (Backstein-Torte wäre treffender gewesen!). Resignation und Aufgabe ist aber nicht mein Ding, also habe ich mir für meinen nahenden Geburtstag eine Küchenmaschine auf die Wunschliste gesetzt. Und mit ihr schnell den nächsten Kuchen in Angriff genommen – einen Eierlikör-Kuchen. Das Anfänger-Pech war vorbei, der Kuchen ein Volltreffer! „Mensch Papa, ist der lecker" tönte es kurz danach am Kaffeetisch. Das freut einen und ist eine schöne Anerkennung, die aber vielen Männern gar nicht zuteil wird. Überlegungen, auch Back-Kurse für Männer im Rhein-Pfalz-Kreis anzubieten, bin ich deshalb zurzeit am ausarbeiten.

Clemens Körner

Eierlikör-Kuchen

5	Eier
250 g	Zucker
1 Pk.	Vanillezucker
1 Tasse	Öl
2 Tassen	Eierlikör
250 g	Mehl
1 Pk.	Backpulver
	Puderzucker zum Bestreuen oder Schokoguss

Die Eier mit dem Zucker und dem Vanillezucker dickschaumig schlagen. Achtung, dies dauert einige Minuten!

Das Öl und den Eierlikör hinzufügen. Nach und nach das Mehl und das Backpulver rasch unterrühren.

Den Teig in eine Kastenkuchenform füllen. Im auf 180 Grad vorgeheizten Backofen den Kuchen etwa 50 Minuten lang backen.

Den Kuchen etwa zehn Minuten lang auskühlen lassen und danach aus der Form nehmen. Abschließend noch mit Puderzucker bestreuen oder mit Schokoguss überziehen.

Peter Hofmann

Geschäftsführer
Karl Berrang

Zugegeben, einfach und schnell zuzubereiten ist meine Erdbeer-Rolle nicht. Aber steht das Prachtexemplar erst einmal auf dem Tisch, ist es eine wahre Augenweide – und auch eine Belohnung für das, was man erreicht hat. Das sehen jedenfalls meine Frau und ich so, denn wir haben diesen Sonntagskuchen – der auf ein altes Familienrezept zurückgeht – immer zu einem bestimmten Zeitpunkt gerne gegessen. Nämlich dann, wenn die Kinder, als sie noch mit Ponys auf Turnieren geritten sind, sonntags ihre Erfolge gefeiert haben. Der Genuss der Erdbeerrolle hat sich dann zu einem richtigen Ritual entwickelt. Auch heute noch sagen die Kinder, wenn etwas besonders gut lief: „Eigentlich könnten wir jetzt eine Erdbeer-Rolle essen." Das ist ein klarer Beweis dafür, wie gut der Kuchen schmeckt und warum sich die Mühe mehr als bezahlt macht. Und auch wenn dieser Kuchen mit seiner Sahne richtig gehaltvoll ist, so ist er für mich noch immer zeitgemäß. Denn: Wenn man in Maßen das isst, was einem schmeckt und bekommt, dann lebt man auch gesund.

Teig

4	Eigelbe
3–4 EL	warmes Wasser
190 g	Zucker
1 Pk.	Vanillezucker
4	Eiweiße
75 g	Mehl
50 g	Speisestärke
1 MP	Backpulver

Füllung

500–600 g	Erdbeeren
500 ml	Sahne
40 g	Zucker
1 Pk.	Vanillezucker
2–3 Pk.	Sahnesteif

Erdbeer-Rolle

Eigelbe und Wasser schaumig schlagen, dann nach und nach zwei Drittel des Zuckers mit dem Vanillezucker dazugeben, bis eine cremige Masse entsteht.

Die Eiweiße zu Schnee schlagen, den übrig gebliebenen Zucker dazugeben. Den Eischnee auf die Eigelbmasse geben.

Darüber das mit Backpulver und Speisestärke vermischte Mehl geben und vorsichtig untermischen. Anschließend den Teig auf ein mit Backpapier ausgelegtes Blech geben und einen Zentimeter dick verstreichen. Im auf 200 bis 220 Grad vorgeheizten Backofen zehn bis 15 Minuten backen.

Biskuitplatte dann auf ein mit Zucker bestreutes Küchentuch stürzen. Das Backpapier abziehen, mit dem Handtuch aufrollen und auskühlen lassen.

Gewaschene Erdbeeren schneiden, zuckern und etwas ruhen lassen. Einige zum Verzieren zurücklassen. Knapp die Hälfte der dann übrigen Erdbeeren pürieren.

Die Sahne mit Sahnesteif schlagen und mit Zucker gut mischen, die Erdbeeren unterheben. Vorsichtig auf die Biskuitplatte verstreichen und die Erdbeer-Rolle wieder aufrollen. Mit der restlichen Sahne und den übrigen Erdbeeren verzieren.

Frank Merkel

Vorstand
Wob

Ich habe wie Oscar Wild einen sehr einfachen Geschmack: Wenn nur die besten und frischesten Zutaten zum Einsatz kommen, bin ich hoch zufrieden. Insofern ist meine Erdbeer-Sahne-Torte nicht nur ein echtes Erlebnis aus frischen, saisonalen Zutaten. Immerhin sind ja anderthalb Kilo Erdbeeren in ihr enthalten. Die Torte ist auch optisch ein wahrer Hingucker, das Auge isst praktisch mit – denn die Torte sieht grandios aus und zaubert immer Frühlingsgefühle auf den Tisch. Ganz egal, zu welcher Jahreszeit. Die Kombination aus viel weiß mit roten und grünen Akzenten ist ein Fest für Leib und Seele. Ja, Sie haben richtig gelesen, nicht nur für die Seele, auch für den Leib. Meine fruchtig, lockere Erdbeertorte ist fast ein Diätprogramm – vorausgesetzt, man macht die Stückchen sehr klein und schiebt die Sahne beiseite. Und selbst wenn dem aufgrund des herrlichen Geschmacks nicht ganz so ist: Der Wald ist vor der Tür und dann ist eben der entsprechende Workout angesagt – das heißt, die Sahne wird wieder abtrainiert. Spazieren, Laufen, Jogging, Nordic Walking. Bis zum nächsten Stück...

Erdbeer-Sahne-Torte

Teig

3 Eier
3 EL heißes Wasser
100 g Zucker
75 g gemahlene Mandeln
75 g Mehl

Creme

1.500 g Erdbeeren
375 g Sahnequark
1 Zitrone (unbehandelt)
125 g Zucker
6 Blatt weiße Gelatine
250 g Sahne

Dekoration

500 g Sahne
2 Pk. Vanillezucker
2 Pk. Sahnesteif
25 g gemahlene Pistazien
ganze Pistazien
Zitronenmelisse

Die Eier und das Wasser mit dem Mixer auf höchster Stufe verquirlen. Währenddessen den Zucker einstreuen. Danach Mehl und Mandeln mit dem Schneebesen vorsichtig unterheben.

Den Teig in eine mit Backpapier ausgelegte Springform (26 cm Durchmesser) gießen, den Rand der Form einfetten. Jetzt etwa 25 Minuten bei 160 Grad backen und anschließend auskühlen lassen.

Einen Tortenring um den Kuchen legen. Die Erdbeeren waschen, halbieren und auf den Boden setzen. Einige beiseitelegen.

Den Sahnequark, die abgeriebene Schale der Zitrone und den ausgepressten Zitronensaft mit dem Zucker verquirlen. Die Gelatine auflösen und unter die Quarkmasse mischen.

Die Sahne steif schlagen und mit einem Schneebesen unter die Quarkmasse heben. Jetzt den Kuchen zwei Stunden kühl stellen.

Für die Verzierung die Sahne mit Vanillezucker und Sahnesteif steif schlagen. Die gemahlenen Pistazien beigeben und mit der Masse die Torte ringsum bestreichen. Mit dem Sahnerest 16 Tupfen auf die Torte platzieren und mit Erdbeerhälften, Zitronenmelisse und ganzen Pistazien obenauf verzieren.

Sind wir doch mal ehrlich: Es gibt keine erfrischendere und bessere Torte als die Erdbeertorte. Jedenfalls sehe ich das so. Aus mehreren Gründen: Zum einen habe ich im Juni – also mitten in der Erdbeer-Zeit – Geburtstag. Bereits als Kind habe ich die Früchte für meinen Geburtstagskuchen in unserem eigenen Garten selbst gepflückt. Die schönsten habe ich immer sofort genascht. Das hat den anschließenden Tortenkonsum überschaubar gemacht. So überschaubar wie die Kosten für die Torte selbst. Ich muss nur wenige Zutaten einkaufen, deshalb ist sie in der Erdbeer-Zeit preiswert und vor allem schnell hergestellt, d. h. kurze Vorbereitung und intensiver Genuss. Das gefällt mir als Ökonom besonders gut. Insofern ist und bleibt die klassische Erdbeertorte mein Sonntagskuchen. Auch wenn ich mich bei fast jeder Kaffeetafel als Nicht-Sahne-Konsument outen muss. Ich genieße die Früchte nämlich lieber pur. Sie sind gesund und bieten einen unbeschwerten Genuss. Deshalb passt meine Erdbeertorte auch problemlos in das heutige Wellness-Zeitalter.

Franz J. Luzius

Hauptgeschäftsführer
IHK Rhein-Neckar

Erdbeertorte

2	Eier
2 EL	heißes Wasser
1 MP	Salz
100 g	feiner Zucker
100 g	Mehl
1 TL	Backpulver
5	Tropfen Zitronenaroma
500 – 1.000 g	frische Erdbeeren
1 Pk.	roter Tortenguss

Eigelbe und Eiweiße trennen. Eiweiße mit heißem Wasser mit einer Messerspitze Salz steif schlagen. Zuletzt den Zucker langsam einrieseln lassen. Die zuvor verquirlten Eigelbe darunter geben.

Mehl und Backpulver vermischen, darüber sieben und vorsichtig unterheben. Das Zitronenaroma ebenfalls mit in die Masse rühren.

Tortenbodenform gut einfetten und mit dem Teig füllen. Im Backofen bei Ober-/Unterhitze zwischen 180 und 200 Grad etwa 15 – 20 Minuten goldgelb backen.

Nach dem Backen den Biskuit-Tortenboden auf einen Kuchenrost stürzen und abkühlen lassen.

Den Tortenboden mit den Erdbeeren belegen. Tortenguss nach Anleitung herstellen und über die Erdbeeren gleichmäßig verteilen. Gut gekühlt, je nach Belieben mit Schlagsahne servieren.

Zahnarzt

Günter Dhom

Dieses Buch ist die ideale Gelegenheit, um mit einem Vorurteil gleich einmal aufzuräumen: Kuchen, Torten und andere Süßigkeiten sind nicht per se schädlich für die Zähne. Oder glauben Sie, dass ich als Zahnarzt und Oralchirurg bei der sonntäglichen Kaffee- und Kuchentafel zu einem Glas Mineralwasser greife? Wohl kaum. Was ich aber nicht empfehle – und das ist schädlich für die Zähne: Süßigkeiten-Genuss den gesamten Tag über. Also der Schokoriegel am Vormittag, das Dessert zum Mittagstisch, das Stück Kuchen zwischendurch und den permanenten Zucker im Kaffee. Denn mit einem kontinuierlich über den Tag hinweg verteilten Zucker-Konsum ist es den Bakterien im Mund ein Leichtes, Zucker in aggressive Säure umzuwandeln – und dann Karies zu verursachen. Insofern ist es natürlich eine Todsünde, kleine Kinder mit gesüßtem Tee oder Softgetränken zu „versorgen“. Also: Lieber einmal am Tag (oder in der Woche) gemäß dem Motto „Wenn schon, denn schon“. Das kommt Ihrer Zahngesundheit zugute – und macht Angst vor dem nächsten Zahnarzt-Besuch überflüssig.

Haselnuss-Sahne-Torte

200 g gemahlene Haselnüsse in einer Pfanne ohne Fett goldbraun rösten, herausnehmen und abkühlen lassen. Eier, 200 g Zucker und 1 Pk. Vanillezucker mit dem Rührgerät cremig schlagen. Die gerösteten Nüsse, Mehl, Salz und Backpulver vermischen und unterrühren.

Eine Springform (26 cm) mit Backpapier auslegen, den Teig einfüllen und glatt streichen. Im auf 180 Grad vorgeheizten Ofen etwa 35 bis 40 Minuten backen. Den Tortenboden herausnehmen und auskühlen lassen.

Ein Tablett mit Alufolie auslegen und mit Öl bestreichen. 75 g Zucker in einer Pfanne karamellisieren, bis er goldbraun ist. Die ganzen Haselnüsse unterrühren. Dann zügig kleine Häufchen auf das vorbereitete Tablett geben und erstarren lassen.

Den Tortenboden aus der Form lösen, das Backpapier vorsichtig abziehen. Den Boden zwei Mal durchschneiden. Die Sahne zusammen mit dem Vanillezucker steif schlagen, zum Schluss das Sahnesteif hinzufügen.

75 g Sahne in einen Spritzbeutel füllen und beiseite legen. Auf den unteren Boden ein Drittel der Sahne streichen, den mittleren Boden aufsetzen und diesen mit einem weiteren Drittel Sahne bestreichen. Jetzt den dritten Boden auflegen und die Torte ringsherum mit der übrigen Sahne einstreichen. Mit dem Spritzbeutel kleine Deko-Spitzen auf die Torte spritzen, dann etwa zwei Stunden kalt stellen. Mit 50 g gemahlenen Haselnüssen bestreuen und mit dem Haselnusskrokant verzieren.

250 g	gemahlene Haselnüsse
6	Eier
275 g	Zucker
4 Pk.	Vanillezucker
150 g	Mehl
1 Pr.	Salz
3 TL	Backpulver
50 g	ganze Haselnüsse (mit Haut)
50 g	ganze Haselnüsse (ohne Haut)
750 g	Schlagsahne
2 Pk.	Sahnesteif

Generaldirektor
Reiss-Engelhorn-
Museen

Alfried Wieczorek

Der kalte Hund erinnert mich regelmäßig an meine Kindheit. Vor allem an meine Kindergeburtstage. Da konnte es noch so viele Geschenke und noch so viele Geschichten zu erzählen geben, sobald es den kalten Hund gab, ließen wir alles stehen und liegen und saßen praktisch auf Knopfdruck versammelt am Tisch. Die Idee, den kalten Hund mit Rum zu verfeinern, ist eine Errungenschaft aus meiner Studentenzeit. Wenn Sie den Kuchen für Kinder nachbacken, empfehle ich natürlich Milch statt Rum. Wobei das Backen im klassischen Sinne ja gar nicht nötig ist, denn der kalte Hund lässt sich ohne Backofen zubereiten – was für meine damalige, kleine Studentenbude natürlich von großem Vorteil war. Und vor allem Zeit gespart. Beim anschließenden Verzehr war und ist mir eines aber wirklich wichtig: Kuchenkultur ist auch ein Teil unserer Esskultur, die heute leider nur allzu oft auf der Strecke bleibt. Solange wir bewusstes und genussvolles Essen zur Nebensache degradieren, gibt es weder mehr Lebendigkeit in den Küchen noch eine akzeptable Esskultur. Und das wäre doch wirklich schade.

250 g	Kokosfett
2	Eier
200 g	Puderzucker
1 EL	Pulverkaffee
40 g	Kakaopulver (kein Instantpulver)
1 EL	Rum (nach Belieben auch mehr) (alternativ: Milch)
ca. 25	Butterkekse

Kalter Hund

Das Fett bei schwacher Hitze verflüssigen. Die Eier verquirlen. Danach Puderzucker, Pulverkaffee, Kakao und Rum unter die Eier rühren. Das abgekühlte, flüssige Fett langsam untermischen.

Eine Kastenform mit Alufolie oder Backpapier auslegen und mit der Masse bedecken. Anschließend eine Lage Butterkekse auf die Masse geben, die Kekse dann erneut mit der Creme bestreichen und so fortfahren, bis alle Zutaten aufgebraucht sind.

Den kalten Hund ungefähr vier Stunden im Kühlschrank fest werden lassen. Anschließend ihn aus der Form nehmen, das Papier oder die Folie abziehen und den kalten Hund mit einem scharfen Messer in Scheiben (1 cm Dicke) schneiden.

Den Kuchen zum Aufbewahren in den Kühlschrank stellen. Dort bleibt er dann mindestens eine Woche frisch.

Tipp: Nach Belieben in die Masse ein paar gehackte Mandeln geben. Das sieht nicht nur schön aus, es schmeckt auch gut.

Carlo von Opel

Landwirt

Wie unterschiedlich Kartoffelsorten sein können, habe ich schon früh gelernt. Aber welche Möglichkeiten es gibt, Käsekuchen abzuwandeln, hätte ich nicht gedacht. Damit hat mich erst unsere neue Haushälterin überrascht, nachdem sie von meiner Frau, Marion, ein handgeschriebenes Kochbuch aus ihrer Familie erhielt. Nunmehr backt sie den Käsekuchen leichter und mit Mandarinen. Dieser – nun weniger nährstoffhaltige – Kuchen ist für mich die Steigerung vom altgewohnten Sonntags-Käsekuchen. In meiner Kindheit gab es keine Mandarinen und selbst in meiner Schulzeit waren die Zitrusfrüchte auf dem Land etwas Besonderes. So gesehen ist der Käse-Mandarinen-Kuchen wirklich eine Spezialität, auf die ich leider immer eine Woche warten muss. Denn unter der Woche beschränken sich meine „Back"-Künste (wie man bei uns in der Pfalz zu sagen pflegt) auf Spiegeleier und Omelette. Die Warterei auf den Sonntag hat also ihr Gutes, denn solange wir uns am Kuchen mäßig und nicht übermäßig erfreuen, gehört er auch weiterhin zu unseren traditionellen Werten.

Käse-Mandarinen-Kuchen

Mürbeteig

250 g Mehl
1 Ei
1 Pr. Salz
125 g Zucker
125 g Butter

Quarkmasse

500 g Quark
100 g Zucker
1 Ei
250 ml Milch
½ Tasse Öl
1 Pk. Vanillepudding
1 kleine Dose Mandarin-Orangen

Für den Mürbeteig zunächst die warme oder flüssige Butter in eine Rührschüssel geben und mit dem Ei verrühren. Nach und nach Salz und Zucker zufügen. Dann das zuvor gesiebte Mehl löffelweise unterrühren.

Den Mürbeteig an den Boden und den Rand einer gefetteten Springform andrücken. Achtung, wird eine Käsekuchenform verwendet, benötigen Sie die doppelte Menge aller angegebenen Zutaten!

In einer neuen Rührschüssel Quark, Zucker, Ei, Milch, Öl und Vanillepudding verrühren. Die Masse anschließend auf den Kuchenteig geben.

Mit den Mandarin-Orangen den Kuchen „verzieren". Hierfür die einzelnen Mandarin-Orangen leicht in die Quarkschicht eindrücken.

Den Kuchen bei 180 Grad gut 60 Minuten lang im Backofen backen.

Es ist schon erstaunlich, wie viele verschiedene Möglichkeiten es gibt, Käsekuchen zu backen. Vor kurzem habe ich mir sagen lassen, dass es sogar eine eigene Internetseite nur für Käsekuchen-Rezepte gibt. Gut 400 Rezepte soll die Homepage beinhalten – wie gesagt, alle nur zum Thema Käsekuchen. Das ist wirklich bemerkenswert. Da beschäftige ich mich doch lieber mit anderen Dingen, denn den „einzig wahren" Käsekuchen kann ohnehin nur meine Frau backen. Sie hat das Originalrezept meiner Großmutter inzwischen perfektioniert. Das wissen unsere Kinder und ich durchaus zu schätzen, denn wenn es „ihren" Käsekuchen zu essen gibt, trifft sich die ganze Familie zur Kaffeetafel und hinterher ist jeder auf dem neuesten Stand. Deshalb ist unser Sonntagskuchen ein wahrhaftig soziales Ereignis, welches ich besonders in der heutigen, schnelllebigen Zeit nicht vermissen will. Erst recht dann nicht, wenn die Arbeitswoche eines Oberbürgermeisters so viele Termine mit sich bringt, dass einem dann nur noch wenig Zeit für das Private bleibt.

Werner Schineller

Oberbürgermeister
Speyer

Käsekuchen

Aus den Teigzutaten einen Mürbeteig herstellen. Diesen anschließend im Eisschrank ruhen lassen. Dann zwei Drittel des Teiges ausrollen und den Boden einer leicht gefetteten Springform damit auslegen.

Den Rest des Teiges zu einer Rolle formen, als Rand auf den Boden legen und so an die Form drücken, dass der Rand etwa 2 cm hoch wird.

Für die Käsecreme Schichtkäse, Zucker, 4 Eigelbe und etwas Zitronensaft in eine Rührschüssel geben und cremig rühren.

Die vier Eiweiße steif schlagen und unter die Käsecreme ziehen. Vorsichtig 1–2 Esslöffel Mehl unterheben und die Masse gleichmäßig auf dem Tortenboden verteilen.

Den Kuchen im nicht vorgeheizten Backofen 60 bis 90 Minuten lang bei 160 bis 180 Grad backen.

Tipp: Je nach Geschmack noch 50 g Rosinen in die Käsecreme geben oder den Tortenboden vor dem Verteilen der Masse mit Mandarinen aus der Dose belegen.

Teig

150 g	Mehl
75 g	Speisestärke
1 MP	Backpulver
100 g	Butter
100 g	Zucker
1 Pk.	Vanillezucker
1	Ei

Füllung

1.000 g	Schichtkäse (10 – 20 % Fett)
180 g	Zucker
4	Eier
	Zitronensaft
1 EL	Mehl

Manfred Fritz

Leider gibt es heutzutage nicht mehr viele Lebensmittel, die im Geschmack und in der Qualität noch so sind, wie sie früher einmal waren. Brötchen und Brot zum Beispiel. Viele „Bäckereien" backen ja nur noch auf, statt selbst zu backen. Auch beim Käsekuchen gibt es den typisch authentischen Geschmack nur noch in den seltensten Fällen. Die meisten heute „produzierten" Käsekuchen verdienen diesen Namen leider nicht, weil sie parfümiert, aufgeschäumt und mit Zitronenaroma verhunzt sind – und somit fast immer enttäuschen. Außer mein eigener natürlich. Er stammt aus der Fastenküche von Anna Huber – einer Pfarrhaushälterin, die das Rezept im Jahr 1889 veröffentlicht hat. Damals sprach man noch nicht von Kilo oder Gramm, sondern von Loth, Pfund und Quart. Ich bin mir sicher, wenn Sie diesen traditionellen Kuchen nachbacken, sind Sie erstaunt, wie herrlich Käsekuchen schmecken kann – und wo die Unterschiede zum heutigen, industriellen liegen. Spätestens dann werden Sie ganz sicher auch so ein Kuchenmonster, wie ich es bin.

Chefredakteur
Rhein-Neckar-Zeitung

Käsekuchen (anno 1889)

Aus dem Mehl, der Butter, den Eiern, einem Schuss Milch und der Hefe einen Hefeteig zubereiten. Diesen zum Aufgehen in eine warme Umgebung stellen.

Anschließend den Teig in eine gut gefettete, quadratische und recht große Backform auslegen.

Die warme Butter mit den Eiern verrühren, etwas Salz dazugeben. Die Rosinen zusammen mit Zimt und Safran und danach mit der Milch, dem Zucker und dem Schichtkäse verrühren. Die Masse auf den Kuchen geben.

Den Kuchen mit einem Eigelb und etwas Zucker bestreuen und ihn etwa 45 Minuten bei 180 Grad backen.

Den Kuchen noch warm servieren, so schmeckt er am besten!

Hinweis: Die zum Teil krummen Zutatenangaben beruhen auf der Umrechnung damals gängiger Maßeinheiten in die heute üblichen. So entsprechen acht Loth Butter 140 Gramm.

840 g Mehl
140 g Butter
2 Eier
Milch
Hefe
140 g Butter
4 Eier
Salz

175 g Rosinen
1 MP Zimt
1 MP Safran
250 ml Milch
100 g Zucker
1.120 g Schichtkäse
1 Eigelb

Ehemaliger Hockey-
nationalspieler

Heiner Dopp

Im Sommer 1978 sind meine Frau Martina und ich nach Meckenheim in das Haus meiner Großmutter gezogen. Dass im Garten ein alter Kirschbaum stand, an dem viele dicke, schwarz-rote Kirschen hingen, wusste ich erst, als mir zur Feier des Einzugs meine Frau einen Kirschenmichel gebacken hat. Er war so lecker, dass wir ihn gleich ganz verputzten – und ich mir insgeheim Nachschlag in Form eines zweiten Kuchens erhoffte. Der Traum platzte jäh, als noch am selben Abend eine ganze Horde Stare über den Baum hergefallen sind und ihn in kürzester Zeit geplündert haben. Keine einzige Kirsche für einen zweiten Kirschenmichel blieb hängen! Also musste ich mich ein ganzes Jahr in Geduld üben. Das hat aber – trotz allen anfänglichen Ärgernisses – sein Gutes: Kirschen haben nur ein Mal im Jahr Saison – und ich freue mich jedes Mal auf diese kurze Zeit, genau wie auch beim Spargel. Tun Sie das besser auch, denn mit tiefgefrorenen oder eingemachten Kirschen schmeckt der Kuchen bei weitem nicht so gut wie mit frischen und knackigen!

60 g	Butter
125 g	Zucker
1 Pk.	Vanillezucker
3	Eier
150 g	Hartweizengrieß
150 g	Mehl
3 TL	Backpulver
100 ml	Milch
500 – 750 g	Süßkirschen (entsteint gewogen)

Kirschenmichel

Süßkirschen waschen, entsteinen und beiseite stellen.

Backofen auf 200 Grad vorheizen. Back- oder Auflaufform (26 cm Durchmesser) gut einfetten. Die Butter mit dem Zucker und dem Vanillezucker schaumig rühren und die Eier einzeln unterschlagen.

Mehl mit Backpulver mischen, sieben und abwechselnd mit dem Grieß unter die Butter-Ei-Masse rühren. Anschließend so viel Milch dazu geben, dass ein geschmeidiger, glatter Teig entsteht.

Die Süßkirschen vorsichtig unter den Teig heben und ihn in die Back- oder Auflaufform füllen.

Auf den Teig einzelne Butterflöckchen setzen und ihn dann auf mittlerer Schiene bei 200 Grad etwa 40 bis 50 Minuten backen (Garprobe mit Holzstäbchen!).

Der Kirschenmichel schmeckt lauwarm am besten! Dazu eignet sich geschlagene Sahne und/oder Vanilleeis.

Thorsten Riehle

Geschäftsführer
Capitol Mannheim

Seit dem ich denken kann, gibt es bei uns Linzer Torte. Zu Geburtstagen – Linzer Torte. Zur Konfirmation – Linzer Torte. Zur Taufe – Linzer Torte. Dass der Kuchen immer wieder aufs Neue bei uns zu Hause so gut ankommt, muss wohl an meiner Urgroßmutter liegen. Von ihr stammt das Rezept, das jetzt schon die vierte Generation begeistert. Ganz im Gegensatz zu manch gekaufter Linzer Torte. Ich habe durchaus schon die eine oder andere gegessen, die nicht geschmeckt hat. Wenn beispielsweise die falsche Marmelade (nichts geht über Zwetschgenmarmelade!) enthalten ist oder Haselnüsse fehlen. Das geht gar nicht! Ebenso ist Kirschwasser ganz wichtig für den perfekten Geschmack. Das muss einfach sein. Das sind Dinge, auf die meine Mutter achtet. Sie ist – das kann ich wohl mit Fug und Recht behaupten – die beste Linzer Torte-Bäckerin, die ich kenne. Und sie weiß auch, dass von „meiner" Linzer Torte immer genügend da sein muss, sonst bekommt nicht jeder etwas davon ab. Seltsamerweise sind die letzten Kuchenteile immer ganz schnell vergriffen...

Linzer Torte

300 g	Mehl
2 Tl	Backpulver
125 g	Zucker
125 g	gemahlene Haselnüsse
125 g	Butter
1	Ei
1 TL	Zimt
1 MP	Nelken
2 EL	Kakao
	etwas Milch
2 EL	Kirschwasser

Zum Füllen: Zwetschgenmarmelade
Für die Verzierung: verquirltes Eigelb

Mehl und Backpulver gut vermischen.

Die übrigen Zutaten (bis auf die Konfitüre) zu einem Teig verarbeiten, die Mehl-/Backpulver-Mischung zugeben.

Die Hälfte des Teiges ausgerollt in eine Springform (Durchmesser 26 cm) geben. Auf dem Teig Zwetschgenkonfitüre verteilen.

Den übrig gebliebenen Teig ausrollen, ihn anschließend in ca. ein Zentimeter breite Streifen schneiden. Diese Streifen dann in Form eines Gitters auf die Konfitüre legen. Die Streifen mit verquirltem Eigelb bestreichen.

Im vorgeheizten Backofen etwa 30 bis 35 Minuten bei 180 Grad backen.

Als Kind war ich des Öfteren in der Obhut meiner Tante. Irgendwann habe ich sie einmal vom Garten aus durchs Küchenfenster dabei beobachtet, wie sie sich enorm viel Zeit für das Backen einer supertollen Erdbeer-Torte genommen hat. Eigentlich hätte ich ja an diesem Morgen in der Schule sein müssen, aber lassen wir das besser. Jedenfalls habe ich brav gewartet, bis sie einkaufen ging – und ihr danach die Torte enteignet. Nach zehn von zwölf Stücken passte aber dann doch nichts mehr in den kleinen Bülent-Bauch hinein. Also Tortenglocke auf, und die beiden restlichen kleinen Stücke wieder anständig zurück geräumt. Da hatte meine Tante immerhin doch noch etwas zum Präsentieren, als es nach dem Mittagessen an den Nachtisch gehen sollte. Seitdem backten Tante und Mama mir immer drei Erdbeer-Torten auf einmal, damit nach meinen Besuchen auch ja immer etwas für die Familie übrig bleibt. Das ging jahrelang so, bis mir die Erdbeeren irgendwann zu den Ohren heraus kamen. Und ich auf Mango-Torte mit Amarettini umgestiegen bin.

Bülent Ceylan

Comedian

Mangotorte

Die Butter mit dem Zucker schaumig rühren. Die abgeriebene Zitronenschale hinzufügen, ebenso nach und nach die Eier. Das Mehl mit dem Backpulver mischen und – im Wechsel mit der Milch – unter die Masse rühren.

Eine gefettete Springform (26 cm Durchmesser) mit Mandeln ausstreuen. Den Teig einfüllen und im auf 200 Grad vorgeheizten Ofen 20 Minuten lang backen.

Für die Füllung die Gelatine einweichen. Die abgetropften Mango pürieren. Den Mascarpone zusammen mit dem Mangopüree, dem Limettensaft, dem Zucker, dem Kaffee und dem Butter-Vanille-Aroma glatt rühren. Jetzt die ausgedrückte Gelatine unter die Mangocreme rühren. Die Masse kalt stellen bis sie beginnt, fest zu werden.

Inzwischen die Melone durchschneiden und mit einem Löffel entkernen. Die Melonenhälften schälen und in sehr dünne Scheiben schneiden. Aus der Melonenfrucht mit einem Kugelausstecher kleine Kugeln heraus stechen. Die Erdbeeren waschen und in dünne Scheiben schneiden.

Den abgekühlten Tortenboden mit Kaffee beträufeln, darauf die Amarettini verteilen. Die Mangocreme darauf geben und glatt streichen. Das vorbereitete Obst auf die Creme geben und fest werden lassen. Vor dem Servieren mit Kakao und Puderzucker bestäuben.

Teig

120 g	Butter
75 g	Zucker
1	Zitrone (unbehandelt)
2	Eier
120 g	Mehl
1 TL	Backpulver
4 EL	Milch
3 EL	gemahlene Mandeln
3 EL	starker Kaffee
75 g	Amarettini (Mandelgebäck)

Füllung/Belag

6 Blatt	weiße Gelatine
1	Dose (425 ml) Mango-Scheiben
250 g	Mascarpone
75 ml	Limettensaft
3 EL	Zucker
2 EL	starker Kaffee
½ Fl.	Butter-Vanille-Aroma
½	Galia-Melone
1	Mango
2	Erdbeeren (wenn es sein muss)

Edgar Seitz

Wenn man wie ich mehr als 40 Jahre lang im Polizeidienst gewesen ist, dann gibt es nicht mehr viele Dinge, die einen ungeduldig und nervös machen können. Vielleicht, wenn ich mich beim Skat mal wieder über das „gute Blatt“ meiner Spielpartner am ärgern bin. Oder wenn sich der Tennis-Ball am Wochenende mal wieder gegen mich verschworen hat. Aber selbst diese Dinge sind geradezu lächerlich im Vergleich zu der Ungeduld, die ich an den Tag lege, wenn es bei Seitzens den Sonntagskuchen gibt. Die Zeit bis zur offiziellen Präsentation am Nachmittag kann ganz schön lange sein! Schon Opa Seitz musste sich auf die Finger schlagen lassen, wenn er von der Oma dabei erwischt wurde, wie er sich vor der offiziellen Darbietung am Nachmittag ein Stückchen vorab ergattern wollte. Und wie sehr eine solche Liebhaberei weiter vererbt wird, kann man aus dem Familienleben der Töchter ablesen. Sie kämpfen nämlich mit den gleichen „Problemen“. Aber wie sagt man so treffend: Essen ist eben ein Bedürfnis, Genießen dagegen die hohe Kunst.

Kriminaldirektor und Leiter der Kripo Heidelberg i.R.

Marmor-Kranz mit Kirschen

Die Kirschen in einem Sieb abtropfen lassen. Den Saft aufheben! Die Kirschen anschließend für etwa 60 Minuten im Rum marinieren.

Die Butter mit dem Zucker, dem Vanillezucker, dem Rum-Aroma und dem Salz schaumig rühren. Die Eier nach und nach dazugeben.

Das Mehl mit dem Backpulver in eine Schüssel sieben und mit der Milch unter die Masse rühren. Alles zu einem glatten Teig verarbeiten. Den Teig halbieren und unter die eine Hälfte das Kakaopulver rühren.

Eine Napfkuchenform mit Butter einfetten und zunächst den hellen, dann den dunklen Teig einfüllen. Die Kirschen darauf verteilen und alles mit einer Gabel spiralförmig durch die Teigschichten ziehen, so dass ein klassisches Marmor-Muster entsteht.

Im auf 180 Grad vorgeheizten Backofen etwa 60 Minuten lang backen. Die Stärke in 2 EL kaltem Wasser anrühren. Den aufgefangenen Kirschsaft erhitzen und die Stärke einrühren.

Den Kuchen aus der Form nehmen und abkühlen lassen. Anschließend dünn mit Puderzucker bestäuben, mit Belegkirschen dekorieren und mit der Soße servieren.

250 g	Kirschen aus dem Glas
60 ml	Rum
300 g	weiche Butter
275 g	Zucker
1 Pk.	Vanillezucker
1 Fl.	Rum-Aroma
1 Pr.	Salz
5	Eier
375 g	Mehl
4 TL	Backpulver
3 EL	Milch
20 g	Kakao
2 EL	Speisestärke
	Puderzucker (zum Dekorieren)
	Belegkirschen (zum Dekorieren)

Investor

Jürgen B. Harder

Das schönste am Kuchen ist, am Tag zuvor am Teig zu naschen. Als Kind hat mich meine Mutter dafür immer besonders geliebt. Sie wusste, dass ich schon seit sechs langen Tagen auf den nächsten Sonntagskuchen warte – und das war bei uns der traditionelle Marmorkuchen. Ein Ereignis, das die gesamte Familie am Tisch zusammengebracht hat. Ich empfand das immer als sehr angenehm, dank Probieren wusste ich ja schon im Voraus, dass es wieder ein hervorragender Kuchen wird! Dass wir Kinder auch backen können, wollten wir unserer Mutter an einem Muttertag beweisen. Mein Bruder Bernd und ich wollten sie zum Frühstückstisch mit einem selbst gebackenen Kuchen überraschen. Die Überraschung ist uns auch tatsächlich gelungen – der Kuchen war steinhart. Weil aber der gute Wille zählt, hat meine Mutter geschmunzelt und trotzdem ein kleines Stück vom Kuchen gegessen. Bis heute wissen wir nicht so wirklich, was wir damals falsch gemacht haben. Vielleicht haben wir die Butter nicht lange genug schaumig gerührt. Darauf legt unsere Mutter nämlich großen Wert.

250 g Butter
375 g Zucker
1 Pk. Vanillezucker
2 – 4 Eier
500 g Mehl
1 Pk. Backpulver
1 Tasse Milch
3 EL Kakao
2 EL Zucker
3 EL Rahm oder Milch

Marmorkuchen

Die Butter schaumig rühren. Zucker, Vanillezucker und die Eigelbe abwechselnd zugeben. Alles zusammen 15 Minuten verrühren.

Das mit dem Backpulver vermengte und gesiebte Mehl abwechselnd mit der Milch unterrühren.

Die Eiweiße zu Schnee schlagen (Achtung: Sauberes Schlaggefäß benutzen, da ansonsten das Eiweiß nicht steif wird!). Den steif geschlagenen Schnee unter die Masse ziehen.

Den Kakao mit Rahm oder Milch anrühren. Ungefähr ein Drittel des Teiges herausnehmen und mit der Kakaomischung vermengen.

Die beiden Teigsorten abwechselnd in eine Kastenform füllen und bei ungefähr 180 Grad etwa 60 Minuten lang backen.

Nach Belieben den erkalteten Marmorkuchen noch mit Kuvertüre überziehen.

Orna Marhöfer

Vorstandsmitglied des Oberrats der Israelistischen Gemeinden Badens

Mit meiner Familie habe ich unzählige Urlaube in Israel verbracht. Von dort stammt auch mein Sonntagskuchen, der Mohnkuchen. Das Rezept ist richtig authentisch, meine Mutter hat es von ihrer dortigen Freundin übernommen. Bis heute backt meine Familie diesen Kuchen regelmäßig, mittlerweile schon in der dritten Generation. Und bis heute ist Kuchen backen für mich immer wieder aufs Neue spannend. Man weiß nämlich nie so genau, wie das Kunstwerk gelingt. Was sich aber inzwischen bewährt hat und ich Ihnen ans Herz lege, ist, beim Nachbacken des Mohnkuchens unbedingt säuerliche Äpfel zu verwenden. Sie werten den Geschmack doch deutlich auf. Wichtig ist ebenso, mit der Gabel am Ende der Backzeit in den Kuchen zu stechen, um zu prüfen, ob noch Teig an der Gabel hängen bleibt. Falls ja, braucht er noch einige Minuten, bis der Teig wirklich gut durchgebacken ist. Dabei machen die verwendeten Äpfel und der Eischnee den Kuchen leicht und saftig. Deshalb liebe ich diesen Kuchen so, ganz im Gegensatz zu schweren und cremigen Torten.

Mohnkuchen

150 g	Margarine
1 ¼	Glas Zucker
6	Eigelbe
3	Äpfel (säuerliche Sorten)
¼ TL	Backpulver
2 EL	Mehl
200 g	gemahlenen Mohn
6	Eiweiße
	Kuvertüre zum Verzieren

Die Äpfel schälen, entkernen und mit einer Reibe raspeln.

Margarine mit Zucker und den sechs Eigelben solange verrühren, bis eine schaumige Masse entsteht. Die geraspelten Äpfel hinzufügen und umrühren.

Backpulver und Mehl einrühren. Den gemahlenen Mohn (Achtung: kein Mohnback verwenden) zur Masse geben.

Die Eiweiße zu Schnee schlagen und vorsichtig unter die Masse heben.

Den jetzt fertigen Teig in eine gut gefettete Backform füllen und bei 175 Grad etwa 75 Minuten backen.

Nach dem Backen den Kuchen auf eine Tortenplatte stürzen und abkühlen lassen. Jetzt mit der flüssigen Schokolade überziehen.

Günter Eitenmüller

Wenn man wie ich in Wien zur Schule gegangen ist und anschließend auch dort studiert hat, und dann nach Deutschland kommt, dann lernt man zwar einerseits die deutsche Küche kennen und schätzen. Andererseits aber auch – zumindest theoretisch – die österreichische zu vermissen. Auf Wiedersehen, gefüllte Germknödel. Adieu, original Wiener Schnitzel. Servus, Tafelspitz mit Krensoße. Welch Verlust von Kochkultur! Glücklicherweise habe ich eine Österreicherin geheiratet. Sie beherrscht das gesamte Repertoire österreichischer Spezialitäten perfekt und weckt in dieser Hinsicht auch immer wieder aufs Neue Kindheitserinnerungen. Insofern ist es natürlich kein Wunder, dass mein Sonntagskuchen Großmutters Mohnstrudel aus der Alpenrepublik ist. Heute bereitet ihn natürlich meine Frau zu. Ich sage bewusst meine Frau, denn alle meine Versuche, mit Teigschüsseln, Springformen und diffusen Rezept-Anleitungen „warm" zu werden, sind bei mir bislang kläglich gescheitert. Ich konzentriere mich eben ganz auf den Genuss.

Dekan Evangelische
Kirche Mannheim

Mohnstrudel

Die Hefe in der lauwarmen Milch auflösen, dann mit den übrigen Zutaten zu einem glatten Teig verarbeiten. Den Teig an einem warmen Ort etwa 30 Minuten lang gehen lassen.

Währenddessen die Füllung zubereiten: Mohn, Zucker, Rosinen, Zitronensaft und Milch in einen Kochtopf geben und aufkochen lassen. Danach erkalten lassen.

Jetzt den Teig dünn ausrollen, die erkaltete Mohnfüllung darauf verteilen. Etwas Öl darüber träufeln.

Den Strudel einrollen, mit Eigelb bestreichen und bei 170 Grad 60 Minuten lang backen.

Tipp 1: Den Strudelteig dünn ausrollen, dann wird der fertige Strudel saftiger.

Tipp 2: Für die Füllung den Zucker nach Bedarf dosieren – je nach dem überwiegt dann der Mohn- oder der süße Geschmack.

Teig

250 ml	Milch
1 Pk.	Hefe
3	Eier (nicht aus dem Kühlschrank), davon 1 Eidotter zum Bestreichen des Strudels
500 g	Mehl
1 Pr.	Salz

Füllung

500 g	gemahlener Mohn
	Zucker (nach Bedarf)
50 g	Rosinen
	Zitronensaft
250 ml	Milch

Achim Niederberger

Wenn man das Herz einer Frau erobern möchte, braucht man neben einem vorzüglichen Wein und frischen Blumen nur Eines: Ganz viel Schokolade. Und diese sollte natürlich nicht als simple Tafel „von der Stange" daher kommen, sondern als eine wunderschöne Mousse-au-Chocolat-Torte – natürlich aus Eigenproduktion! Das waren jedenfalls meine Gedanken, als ich meiner heutigen Frau zu unserem zweiten Date eine solche Mousse-au-Chocolat-Torte und einen hervorragenden Vintage-Port servierte. Und: Meine Torte war ein echtes Erfolgsrezept, die Mühe hat sich gelohnt – bis heute! Die Torte ist leider nicht einfach herzustellen und man benötigt beste Zutaten (vor allem, was die Schokolade betrifft), aber das Endergebnis ist der Mühe wert. Meine Frau freut sich jedes Jahr zu unserem Jahrestag auf meine Mousse-au-Chocolat-Torte und auch Jens Fischer, Küchenchef des Gourmetrestaurants „Freundstück" in Deidesheim, hat mein Rezept übernommen. Ob auch er seine Kundinnen mit dieser Torte umgarnen kann, müsste ich bei Gelegenheit mal beobachten.

Unternehmer

Mousse-au-Chocolat-Torte

Die Eier mit dem Zucker und dem Vanillezucker cremig rühren. Das Mehl sieben und unter die Ei-Masse heben. Eine Springform (26 cm) einfetten, den Teig einfüllen und glatt streichen.

Den Boden im vorgeheizten Backofen (200 Grad) etwa 25 Minuten lang backen. Den Kuchen herausnehmen und abkühlen lassen. Den erkalteten Kuchen mit einem langen Messer waagerecht halbieren.

Die Milch in einen hohen Rührbecher füllen. Das Cremepulver mit den Schneebesen des Rührgerätes auf niedrigster Stufe kurz einrühren, danach etwa drei Minuten auf höchster Stufe weiterrühren.

Drei Viertel der Creme auf dem unteren Boden verstreichen, dann den oberen Boden aufsetzen. Die Torte oben und rundherum mit der übrigen Creme einstreichen. Die weiße Schokolade in Späne hobeln und mit den Giotto-Kugeln auf der Torte verteilen. Mit Minze verzieren und einige Stunden kalt stellen.

Tipp: Die weiße Schokolade am besten mit einem Sparschäler in Späne hobeln. So bleiben die Finger sauber!

6	Eier
150 g	Zucker
1 Pk.	Vanillezucker
150 g	Mehl
2 Pk.	Cremepulver „Mousse au chocolat“
500 ml	Milch
50 g	weiße Schokolade
2 Pk.	„Giotto“
	Minze zum Dekorieren

„Als Kind habe ich drei Viertel eines Erdbeerkuchens auf einmal verspeist. Danach fing ich an, andere Kuchen zu lieben.“

Dr. Eckart Würzner, Oberbürgermeister Heidelberg

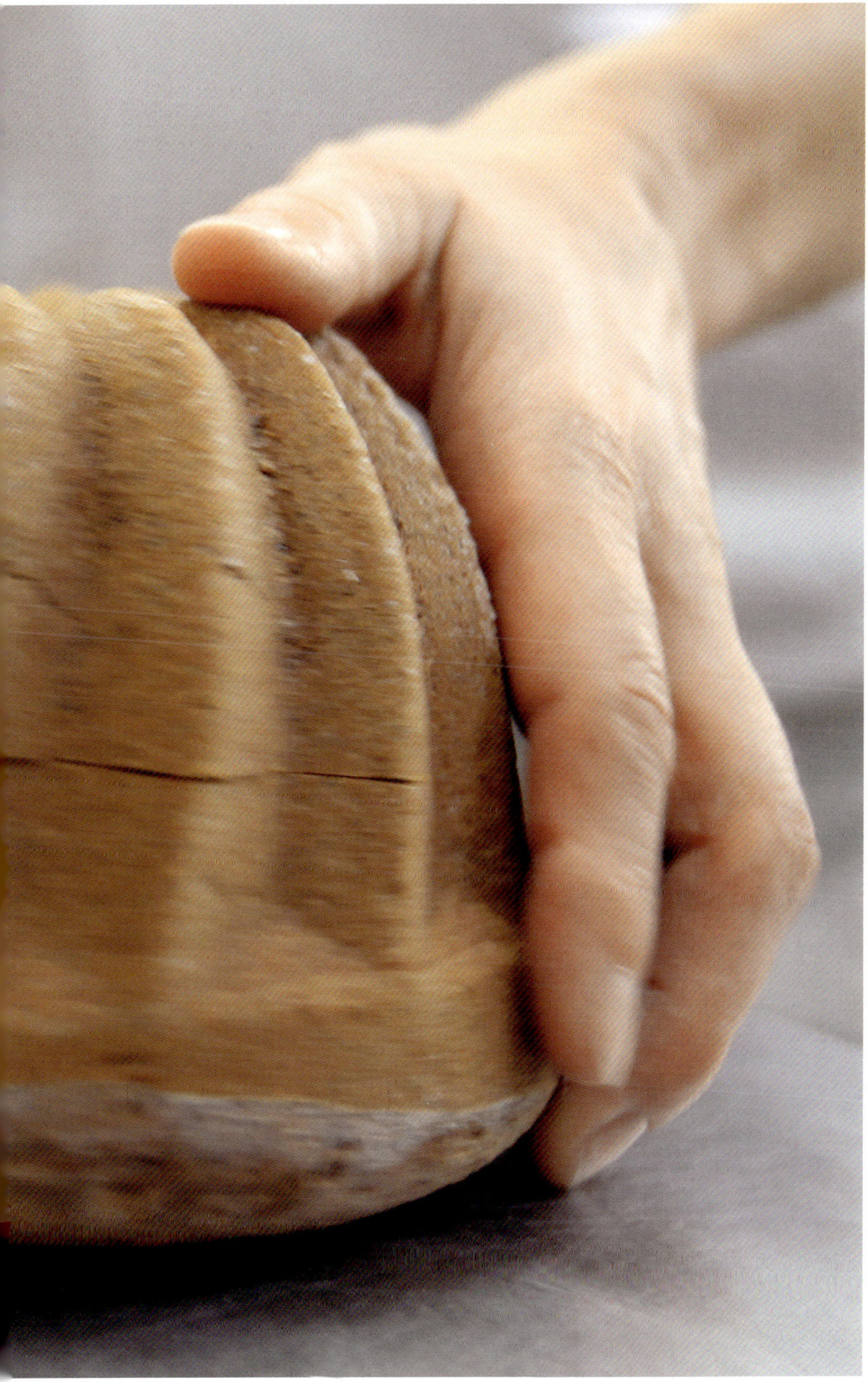

Oberbürgermeister
Heidelberg

Eckart Würzner

Ich liebe fruchtige, saisonale Kuchen. Besonders natürlich den saftig-frischen Erdbeerkuchen mit Vanillepudding. Das war schon als kleines Kind so, einmal habe ich sogar drei Viertel eines solchen Kuchens auf einmal verspeist. Danach fing ich an, auch andere Kuchen zu lieben. Als Student – immer mit ordentlich Studentenfutter ausgestattet – kam dann fast schon automatisch die Liebe zu nussigen, herzhaften Kuchen, gerne auch mit etwas Vollkornmehl gebacken. Das ist bis heute so geblieben, weshalb ich Ihnen natürlich auch diesen Napfkuchen mit Nüssen ans Herz lege. Er ist ganz ohne Mehl gebacken, enthält fast ein ganzes Pfund Walnüsse – die mir für mein Tagesgeschäft immer viel Energie geben. Nicht umsonst gelten sie als die gesündesten Nüsse überhaupt. Und Rosinen können Sie selbstverständlich nach Belieben auch hinzufügen. Ein solcher Napfkuchen mit Nüssen und eventuell Rosinen passt doch einfach wunderbar zu einer guten Tasse Cappuccino. Schwere Sahnetorten lasse ich dagegen gerne stehen – das ist nichts, wofür ich mich begeistern kann. Ich wünsche Ihnen Guten Appetit.

8	Eiweiße
125 g	Butter
125 g	Zucker
1 Pk.	Vanillezucker
1 Fl.	Rum-Aroma
1 Pr.	Salz
8	Eigelbe
300 g	gemahlene Walnusskerne
50 g	gehackte Walnüsse
1 TL	Backpulver
1 Pk.	Puddingpulver (Vanille)
5	Blatt weiße Gelatine
50 g	Aprikosenmarmelade
100 g	gemahlene Walnusskerne

Napfkuchen mit Nüssen

Den Backofen auf 180 Grad vorheizen. Die Eiweiße in einer Schüssel steif schlagen. Die zerlassene Butter in einer anderen Schüssel schaumig rühren. Nach und nach den Zucker und den Vanillezucker zugeben.

Das Rum-Aroma und das Salz einrühren, die Eigelbe unterheben. Walnusskerne, gemahlene Walnüsse und Backpulver mischen und ebenfalls unter den Teig arbeiten.

Den Eischnee vorsichtig unter den Teig heben. Alles in eine mit Fett ausgestrichene Napfkuchenform füllen, den Teig glatt streichen. Anschließend den Kuchen etwa 50 Minuten backen.

Den erkalteten Kuchen stürzen und einmal waagerecht durchschneiden. Den Vanillepudding mit dem Vanillezucker wie üblich zubereiten und anschließend vom Herd nehmen.

Die Gelatine in etwas Wasser einweichen, ausdrücken und in 2 EL heißem Wasser auflösen. Anschließend unter die Puddingmasse rühren. Die Puddingcreme auf dem unteren Boden streichen und mit dem oberen Boden bedecken.

Die obere Hälfte des Kuchens mit Aprikosenmarmelade bestreichen und mit gemahlenen Walnusskernen verzieren. Jetzt den Kuchen noch etwa vier Stunden im Kühlschrank aufbewahren, damit die Masse schön fest wird.

Landrat
Kreis Bergstraße

Matthias Wilkes

Meinen Sonntagskuchen habe ich zum ersten Mal im Nibelungen-Café Gassbachtal in Grasellenbach probiert. Konditormeister Hans Dörsam greift das Thema rund um das Heldenepos in seinen Köstlichkeiten wunderbar auf und hat schon viele Leckereien um Siegfried und Kriemhild kreiert. Sie sind für mich immer wieder eine wunderbare Art und Weise, Geschichte zu entdecken – oder besser gesagt, zu schmecken! Denn: Bis ich diese Torte kennen gelernt habe, ist mir gar nicht bewusst gewesen, dass ein Rührkuchen – ganz ohne Sahne und Obst – so saftig und frisch schmecken kann. Auch meine Familie liebt diesen Kuchen. Deshalb sind wir inzwischen – nach zähen Verhandlungen mit Herrn Dörsam – im stolzen Besitz des Rezeptes und backen unseren Lieblingskuchen natürlich auch gerne einmal selbst nach. Zwar liest sich die Zutaten- und Zubereitungsliste auf den ersten Blick etwas umfangreich, dennoch ist die Torte schnell und einfach fertig. Und sie ist natürlich ein authentisches Aushängeschild für die Tourismusregion Nibelungenland!

Nibelungen-Buttermilch-Schmankerl

300 g	weiche Butter	1 Pk.	Vanillezucker
150 g	Puderzucker		Zitronensaft oder Rum-Aroma
2	Eigelbe	850 g	Mehl
1 Pr.	Salz	2 Pk.	Backpulver
450 g	Mehl	1.000 g	Buttermilch
750 g	Zucker	100 g	gemahlene Mandeln
8	Eier	100 g	gemahlene Haselnüsse
	Salz		Zimt-Zucker

Die weiche Butter mit dem Puderzucker, den Eigelben und dem Salz mischen, das zuvor gesiebte Mehl unterrühren und die Masse zu einem Mürbeteig verarbeiten. Diesen 30 Minuten lang kalt stellen.

Das Backblech (ca. 35 x 40 cm) einfetten, alternativ mit Backpapier auslegen. Den kalten Mürbeteig ausrollen und auf das Blech legen.

Jetzt die Nibelungen-Buttermilch-Masse herstellen. Dazu den Zucker, die Eier, das Salz, den Vanillezucker, Zitronensaft oder Rum-Aroma beifügen und schaumig rühren.

Das Mehl sieben, mit dem Backpulver vermischen und in die schaumige Masse geben. Die Buttermilch nach und nach beifügen. Die Masse glatt rühren und auf den Mürbeteig geben. Keine Angst, die Masse ist sehr dünn – dies ist aber kein Fehler!

Auf die Buttermilch-Creme gemahlene Haselnüsse und gemahlene Mandeln streuen.

Den Kuchen bei 180 bis 200 Grad 30 bis 35 Minuten lang backen. Kurz vor Ende der Backzeit Zimt-Zucker aufstreuen und wenige Minuten nachbacken (karamellisieren).

Leiter Unternehmenskommunikation Heidelberger Druckmaschinen

Wussten Sie, dass Nüsse nicht nur lecker, sondern auch sehr gesund sind? Obwohl sie zwar viel Fett enthalten, handelt es sich aber vorrangig um wertvolle, ungesättigte Fettsäuren, die der menschliche Körper selbst nicht bilden kann. Ungesättigte Fettsäuren sind aber zwingend notwendig für eine gute Entwicklung. Man sagt sogar, sie würden die Durchblutung verbessern und deshalb auch dem Gehirn mehr Sauerstoff zuführen. Ob das alles auch schon meine Oma wusste, weiß ich nicht. Was sie aber wusste, war, wie sehr ich den Duft von frisch gerösteten Haselnüsse liebe. Überhaupt können Nüsse ihr tolles Aroma doch erst dann wirklich entfalten, wenn man sie röstet. Aus diesem Grund liebe ich Nussecken – ganz besonders die, die meine Oma immer gebacken hat. Das war ein echtes Erlebnis! Gott sei Dank habe ich mir ihr Originalrezept gesichert und kann so die leckere „Tradition" fortführen. Und wenn die Zeit für Nussecken einmal doch nicht reicht, nehme ich „Nuss-Ersatz" mit Nuss-Joghurt, Haselnuss-Eis oder Vollnuss-Schokolade.

Thomas Fichtl

Nussecken

200 g	Mehl
½ TL	Backpulver
100 g	Zucker
1 Pk.	Vanillezucker
1	Ei
100 g	Margarine
2 EL	Aprikosenkonfitüre
100 g	Butter
100 g	Zucker
1	Packung Vanillezucker
100 g	gemahlene Haselnüsse
100 g	gehackte Haselnüsse

Mehl mit Backpulver, Zucker, Vanillezucker, Ei und Margarine gut verrühren und auf einem gefetteten Backblech verteilen. Anschließend mit Aprikosenkonfitüre bestreichen.

Die Butter mit dem Zucker und dem Vanillezucker in einem Topf erwärmen, verrühren und nach und nach die Haselnüsse dazugeben.

Zum Schluss 2 EL Wasser dazugeben und kurz aufkochen lassen. Jetzt die Nussmasse auf dem Teig verstreichen. Das Blech bei 175 bis 200 Grad knapp 30 Minuten lang backen.

Das Blech aus dem Ofen nehmen und gut abkühlen lassen. Jetzt den Blechkuchen erst in Vierecke schneiden, danach diese Vierecke diagonal in Dreiecke durchschneiden. Fertig sind die Nussecken.

Tipp: Je nach Belieben noch die Ecken mit Kuvertüre überziehen.

Klaus Hambel

Als Fleischermeister habe ich es tagein, tagaus mit Fleisch und Wurst zu tun. Montags jede Menge frische Blut- und Leberwurst. Dienstags Nachschub an Bratwurst. Mittwochs Paketversand von Saumagen in die ganze Republik. Logisch, dass einen so viel Wurst und Fleisch fast schon automatisch zum Liebhaber von Süßem macht. Das war bereits in meiner Lehrzeit so. Dienstags morgens gab es beim Bäcker gegenüber frische Schneckennudeln. Für mich sozusagen ein Pflichttermin. Ich war der erste, der schon frühmorgens in der Backstube stand. Und der Bäckerlehrling stand kurze Zeit später bei mir auf der Matte, weil es bei uns am selben Tag Fleischwurst frisch aus dem Kessel gab. Wenn es nicht schon Geld gegeben hätte, wir Lehrlinge hätten den Tauschhandel erfunden! Es geht einfach nichts über hausgemachte, klassische Spezialitäten – ob bei der Wurst oder beim Kuchen. Und weil keiner das so gut weiß wie wir Pfälzer, spare ich bei meinem Pfälzer Apfel-Mandel-Zimtkuchen auch nicht an Rum und Zimt. Entweder ganz oder gar nicht.

Fleischermeister

Pfälzer Apfel-Mandel-Zimtkuchen

Aus den Zutaten für den Teig einen Mürbeteig zubereiten. Die Teigmenge halbieren und daraus jeweils Kuchenboden und Kuchendeckel (für Springform mit 30 cm Durchmesser) formen.

Jetzt die Äpfel schälen, vierteln, entkernen und in kleine Stücke schneiden. Mit Zimt, Zucker, Rum-Aroma und gestiftelten Mandeln vermengen.

Eine flache Springform (30 cm Durchmesser) einfetten und mit Weckmehl bestreuen.

Den zubereiteten Kuchenboden in die Springform drücken und anschließend mit der Apfel-Mandel-Zimtmischung ausfüllen.

Mit der anderen Hälfte des Teiges die Apfelfüllung abdecken und jetzt den Kuchen backen, ungefähr 60 Minuten lang bei 175 Grad.

Den Kuchen aus dem Backofen nehmen, auskühlen lassen und die Springform lösen. Abschließend mit einer Puderzucker-Glasur bestreichen.

Teig

500 g	Mehl
250 g	Margarine
200 g	Zucker
2	Eier
1 Pk.	Vanillezucker
1 Pk.	Backpulver
	Milch

Füllung

2.000 g	Äpfel
2 EL	Zimt
5 EL	Zucker
2 Fl.	Rum-Aroma
100 g	gestiftelte Mandeln

Geschäftsführender
Vorstand
Deutsches Weintor

Jürgen C. Grallath

Im Internet gibt es ja zahlreiche Abhandlungen darüber, ob die Linzer Torte nun tatsächlich aus Linz stammt. Für mich stellt sich diese Frage nicht – denn für mich gibt es nur die Linzer Torte aus der Pfalz. Als echter Pfälzer lege ich nämlich größten Wert darauf, dass bei diesem Kuchen nur heimische Produkte wie Pfälzer Mandeln und Pfälzer Walnüsse in der Rührschüssel landen. Denn diese haben ein ganz besonderes, eigenes Aroma. Neben der Verwendung von Pfälzer Zwetschgenschnaps ist eine Pfälzer Linzer Torte aber auch nur dann eine echte Pfälzer Linzer Torte, wenn Original Pfälzer Latwerge zum Einsatz kommt. Das wirklich authentische Latwerge heute noch zu finden, ist aber eine Herausforderung. Schließlich muss es etwa drei Tage lang behutsam köcheln und dabei ständig gerührt werden. Glücklicherweise gibt es aber bis heute fleißige Landfrauen aus Kindenheim und Weisenheim am Sand, die noch nach altbewährtem Rezept diesen köstliche Latwerge herstellen. Und vergessen Sie nicht: Zur echten Pfälzer Linzer Torte gehört auch ein gutes Glas Dornfelder!

200 g	Zucker
125 g	gemahlene Pfälzer Mandeln
125 g	gemahlene Pfälzer Walnüsse
200 g	Mehl
1–2 TL	Kakaopulver
1 TL	gemahlener Zimt
1 Pk.	Vanillezucker
1 MP	gemahlene Gewürznelken
1	Ei
2 cl	Pfälzer Zwetschgenschnaps
250 g	kalte Butter
200 g	Pfälzer Latwerge (Zwetschgenmarmelade)
1	Eigelb

Pfälzer Linzer Torte

Den Zucker, die frisch gemahlenen Mandeln und Walnüsse, das Mehl, das Kakaopulver, den Zimt, den Vanillezucker und die Nelken miteinander mischen. Die Mischung auf der sauberen Arbeitsplatte zu einem Berg aufschichten.

In die Mitte eine Mulde drücken und das Ei und den Zwetschgenschnaps hineingeben.

Die Butter in Flöckchen auf dem Rand verteilen und anschließend mit kalten Händen alles zusammen zu einem Teig verkneten. Den Teig zugedeckt eine Stunde im Kühlschrank ruhen lassen.

Zwei Drittel des Teiges auf dem Boden einer mit Butter ausgefetteten und mit Semmelbrösel ausgestreuten Springform (26 cm) ausrollen und einen 1 cm hohen Rand formen. Den restlichen Teig ausrollen und zu einem etwa 1,5 cm breiten Streifen schneiden.

Den Teigboden mit dem Latwerge bestreichen und die Teigstreifen in Gitterform darüberlegen. Zum Schluss mit dem verquirltem Eigelb bestreichen.

Den Kuchen auf der zweiten Schiebeleiste von unten im auf 180 Grad vorgeheizten Backofen etwa 60 Minuten backen. In der Form etwas abkühlen lassen und zum völligen Erkalten auf ein Kuchengitter legen.

Michael Garthe

Wenn man wie ich in der Pfalz, in Speyer, zur Welt kommt, dort aufwächst und dann beruflich bedingt dieser schönen Region den Rücken kehrt, dann tut das schon weh. Die Lebensart, die Wein-Feste, das gute Klima – all das habe ich viele Jahre lang vermisst. Genauso wie meinen Pfälzer Rahmkuchen, den ich schon als Kind immer samstags nach der Schule bei meinem damaligen Lieblingsbäcker in Haßloch persönlich abgeholt habe. Damals war ja samstags noch Unterricht. Und damals gab es auch noch viele inhabergeführte Bäckereien. Eben solche wie Bäcker Knobloch in Haßloch. Es gibt ihn natürlich schon lange nicht mehr. Als ich mit meiner Freundin und späteren Frau den ersten eigenen Backofen hatte und meiner Mutter von der fertig eingerichteten Küche erzählte, machte sie mir eine besondere Freude und schickte mir prompt Pfälzer Rezepte aus einem alten Kochbuch. Natürlich war auch der Rahmkuchen in ihm enthalten und natürlich hat es nicht lange gedauert, bis wir ihn zu Hause nachgebacken haben. Das war ein lange vergessener Genuss!

Chefredakteur
Rheinpfalz

Pfälzer Rahmkuchen

200 g	Mehl
40 g	Zucker
10 g	Hefe
125 ml	Milch
60 g	Butter
1	Ei
1 Pr.	Salz
500 ml	Sahne
4	Eier
1 EL	Speisestärke
	Zucker
	Salz

Zunächst den Hefeteig zubereiten. Hierfür das gesiebte Mehl in eine Schüssel geben und in deren Mitte eine Vertiefung drücken. Zucker, zerbröckelte Hefe und etwas von der angewärmten Milch in die Mulde geben und zu einem Vorteig verarbeiten.

In der restlichen, ebenfalls erwärmten Milch die Butter schmelzen und, sobald der Vorteig Blasen wirft, die Milch sowie das Ei und eine Prise Salz dazugeben.

Nun alles gut verkneten und zum Gehen an einen warmen Ort stellen. Sobald sich das Teigvolumen etwa verdoppelt hat, noch einmal durchkneten und mit Rand in eine Springform (26 cm) drücken.

Die Sahne mit den Eiern und der Speisestärke verquirlen. Zucker und Salz zugeben. Das alles durch ein Sieb auf den Hefeteig drücken.

Im auf 220 Grad vorgeheizten Ofen etwa 30 Minuten lang backen bis der Kuchen ganz leicht braun geworden ist.

Tipp: Dazu passt natürlich Kaffee oder Tee, aber noch besser: Speyerer Ruhländer!

Als einziger Weißer beim Trinidad Carnival in der Karibik aufzutreten, war für mich ein prägendes Erlebnis. Glücklicherweise habe ich es geschafft, diese einmalige Erfahrung – das Klima, die Menschen, das karibische Lebensgefühl – auch in meiner Heimat weiter zu kultivieren. Heute lebe ich als karibischer Kurpfälzer an der Pfälzer Weinstraße … „do, wo die Pa-Latinos dehääm sin." Auf dieses Sonntagskuchen-Buch bezogen, habe ich mich also für einen Kuchen entschieden, der sowohl exotisches Karibik-Feeling als auch bodenständige Pfälzer Lebenslust symbolisiert. Deshalb empfehle ich Ihnen meine vollwertige Pina Colada-Torte. Sie entspricht im Übrigen auch meinem Verständnis einer gesunden und ausgewogenen Ernährung. Der frisch gemahlene Dinkel zum Beispiel enthält deutlich mehr Mineralstoffe und Vitamine als es bei klassischem Weizenmehl der Fall ist. Noch ein Tipp: Wenn Sie zu Hause keine Möglichkeit haben, die Dinkelkörner zu mahlen, lassen Sie das gleich – wie ich es tue – im Naturkostladen erledigen.

(Kur-)Pfälzer
Comedian

Christian ‚Chako' Habekost

Pina-Colada-Torte

Den Dinkel zu Mehl mahlen. Danach die Eier trennen. Die Eigelbe mit dem Honig, dem Rum und der abgeriebenen Zitronenschale schaumig rühren. Den Dinkel mit dem Maismehl und dem Backpulver mischen. Diese Mehlmischung dann unter die Eigelbmasse rühren.

Die Eiweiße mit einer Prise Salz zu steifem Schnee schlagen und unter den Teig heben. Den Teig in eine gefettete Springform (26 cm) einfüllen. Im auf 180 Grad vorgeheizten Backofen etwa 25 bis 30 Minuten backen. Den Biskuitboden gut auskühlen lassen.

Die Kokosmilch mit dem Honig und dem Agar-Agar in einen Topf geben und mit dem Schneebesen verrühren. Aufkochen und 2–3 Minuten sprudelnd kochen lassen. Vom Herd nehmen und auf Zimmertemperatur abkühlen lassen. Die Sahne steif schlagen und unter die Kokosmischung ziehen. Bis zur weiteren Verwendung in den Kühlschrank stellen, damit die Mischung noch etwas fester wird.

Die Ananas schälen und in kleine Stücke schneiden. Zusammen mit dem Wasser, dem Honig und dem Rum in einem Topf zum Kochen bringen. Die Speisestärke mit 2 EL Wasser anrühren und untermischen. Nochmals kurz aufkochen lassen, danach den Topf vom Herd nehmen und die Masse abkühlen lassen.

Den unteren Boden mit einem Tortenring umlegen. Gut ein Drittel der Kokoscreme darauf verstreichen. Die Ananas-Masse darüber geben. Den oberen Boden auflegen. Für etwa drei Stunden in den Kühlschrank stellen.

Jetzt den Ring entfernen und die Oberseite und den Rand der Torte mit der restlichen Kokossahne bestreichen. Mit einer Gabel ein Wellenmuster in die Oberfläche ritzen.

Biskuitboden

100 g	Dinkel
5	Eier
100 g	Honig
50 ml	Rum
1	Zitrone (unbehandelt)
70 g	Maismehl
1 Pk.	Backpulver
1 Pr.	Salz

Creme

500 ml	Kokosmilch (ungesüßt)
75 g	Honig
2 TL	Agar-Agar
250 ml	Sahne

Füllung

500 g	Ananas (am besten frische)
200 ml	Wasser
50 g	Honig
4 EL	Rum
1 EL	Speisestärke

Wenn man wie ich die Stadt Mannheim und somit die Metropolregion Rhein-Neckar in Stuttgart vertritt, dann muss man sich manchmal zuvor stärken. Insofern kann es sein, dass ich mir einige Termine ganz bewusst auf den Montagvormittag lege – wenn am Tag zuvor mir meine Frau meinen Sonntagskuchen gebacken hat: Eine Preiselbeertorte – für mich etwas wirklich Besonderes. Kennen und schätzen gelernt habe ich diese Gaumenfreude bei meinem ersten Besuch bei meiner damals zukünftigen Schwiegermutter. Der Kuchen war schon seinerzeit beinahe so süß wie meine spätere Frau. Sie versteht es, ihn genauso gut herzustellen wie früher meine Schwiegermutter. Seitdem ist er bei jedem Familienfest ein besonderer Genuss. In der Zwischenzeit lieben auch unsere Kinder und Schwiegerkinder sowie die vier Enkelkinder diese Köstlichkeit. Eines aber sollten Sie beim Nachbacken unbedingt beachten: Wichtig ist, dass der Rum und die Preiselbeeren über Nacht einziehen, dann hat der Kuchen die richtige, feuchte Konsistenz. Und dann sind auch Sie für den Montagmorgen bestens gerüstet!

Dietmar von Hoyningen-Huene

Leiter des Kontaktbüros der Stadt Mannheim in Stuttgart

Preiselbeer-Torte

100 g	Butter
100 g	Zucker
3	Eigelbe
100 g	gemahlene Haselnüsse
1 Pk.	Schokoladenpudding-Pulver
2 TL	Backpulver
3	Eiweiße
3 – 4 EL	Rum
1 Glas	Preiselbeeren
500 ml	Sahne
	Sahnesteif

Die Butter zusammen mit dem Zucker und den Eigelben schaumig rühren.

Die gemahlenen Haselnüsse gemeinsam mit dem Schokoladenpudding-Pulver, dem Backpulver und – zuletzt – dem Eischnee (zuvor die Eiweiße steif schlagen) unterrühren.

Den Kuchen etwa 20 Minuten bei 180 bis 200 Grad backen.

Den Boden abkühlen lassen und mit Rum beträufeln. Die Preiselbeeren darauf verteilen. Tipp: Erledigen Sie dies am besten einen Tag, bevor Sie den Kuchen anschneiden, denn dann kann der Geschmack von Rum und Preiselbeeren gut in den Kuchen einziehen.

Unmittelbar vor dem Verzehr die mit Sahnesteif geschlagene Sahne auf die Preiselbeeren verstreichen.

Nach Belieben noch dekorieren: Zum Beispiel mit Smarties, Mokkabohnen oder Schokoladendekor.

Bäcker

Peter Görtz

Als Bäcker freue ich mich besonders, in diesem Sonntagskuchen-Buch mit dabei zu sein. Backen ist mehr als ein Beruf, backen ist Leidenschaft. Hier werden alle Sinne gefordert: tasten, schmecken, riechen und sehen. Und selbstverständlich gehört zum Backen immer auch die Vorfreude auf das fertige Backwerk. Wenn es gelingt, ist die Freude groß. Wenn es mal nicht klappt, sitzt die Enttäuschung tief. Am schönsten aber ist es, gemeinsam mit Freunden oder für Freunde zu backen. Dies ist im Übrigen auch die Motivation, die uns täglich antreibt. Ich bin mir sicher, dass – trotz all der positiven und negativen Veränderungen – backen immer ein fester Bestandteil unserer Kultur bleiben wird. Das fängt bereits beim Getreideanbau in der regionalen Landwirtschaft an und geht über die Mühle in der Region bis zu Ihnen nach Hause oder zu uns in die Bäckerei. Wir sind stolz und froh, ein Teil dieses regionalen Kreislaufes zu sein. Und für Sie zum Beispiel diesen Rahmkuchen zu backen, in dem frische, fruchtige Waldbeeren, Rahm und Hefeteig zusammenfinden. Guten Appetit!

Mürbeteig

- 40 g Puderzucker
- 80 g Margarine
- 120 g Mehl

Hefeteig

- 115 g Mehl
- 20 g Zucker
- 25 g Margarine
- 1 Eigelb
- 50 ml Milch
- 10 g Hefe
- 2 g Salz

Füllung

- 390 g Saure Sahne
- 390 g Schmand
- 200 g Schlagsahne
- 200 g Zucker
- 40 g Cremepulver
- 1 Pr. Vanillemark (aus der Schote)
- 250 g frische Waldbeeren oder TK-Waldbeeren-Mischung

Rahmkuchen mit Waldbeeren

Die Zutaten für den Mürbeteig vermischen und so lange kneten, bis der Mürbeteig glatt ist und sich vom Tisch oder Schüssel löst.

Nun folgt die Zubereitung des Hefeteigs. Hierfür die Zutaten (alle bei Raumtemperatur gelagert!) mischen. Jetzt den Mürbeteig hinzugeben und so lange kneten, bis sich die Teigmasse vom Schüsselrand löst und eine glatte Oberfläche aufweist.

Den Teig zu einer Kugel formen und etwa 20 Minuten bei Raumtemperatur abgedeckt stehen lassen.

Nach Ablauf der Zeit den Teig ausrollen, etwa 2–3 cm größer wie die Backform. Den Teig in die leicht gefettete Form legen und den Rand seitlich hoch drücken.

Jetzt die Rahmmasse herstellen. Hierfür die genannten Zutaten zusammen in einer Schüssel zu einer gleichmäßigen Masse verrühren und danach in die mit Teig ausgelegte Springform füllen. Die Beeren auf der Masse verteilen und bei 180 Grad etwa 50 Minuten im vorgeheizten Ofen backen.

Nach dem Backen den Kuchen auskühlen lassen und servieren.

Oberbürgermeister
Mannheim

Peter Kurz

Eigentlich ist es bedauernswert, dass der Sonntagskuchen heutzutage nicht mehr den „sozialen“ Stellenwert hat, den er früher einmal hatte. Das ist eben eine der Kehrseiten, die die Entwicklung der Gesellschaft mit sich gebracht hat. Genauso wie die Veränderung der Essgewohnheiten. Fast Food oder das „Zwischendurch“-Essen in der heutigen verdichteten und mobilen Arbeitswelt zum Beispiel. Das bleibt selbstverständlich auch mir nicht erspart, obwohl ich natürlich genau weiß, dass das „Häppchen-Essen“ nicht gerade der Gesundheit förderlich ist. Deshalb bin ich wirklich froh darüber, dass meine Frau eine gewisse Ernährungs-Balance einfordert. Beispielsweise als ausgemachter „Rhabarber-Fan“ mit ihrem Sonntagskuchen, dem Rhabarber-Blechkuchen. Ein traditioneller, saisonaler und vor allem auch regionaler Kuchen, zu dem sich die Familie gerne versammelt. Und eine vergleichsweise gesunde Alternative zur Sahnetorte. Nicht nur wegen dem Rhabarber, auch wegen den roten Johannisbeeren. Sie sind wahre Vitamin C-Bomben und ein ebenso leckeres Saison-Obst.

Teig

200 g Butter
200 g Zucker
5 Eier
450 g Mehl
1 Pk. Puddingpulver (Vanille)
1 Pk. Backpulver
125 ml Milch

Rhabarber

1.500 g Rhabarber
150 g Zucker

Weitere Zutaten

50 g Zucker
50 g Butter
100 g gehobelte Mandeln
1 EL Honig
Rote Johannisbeeren

Rhabarber-Blechkuchen

Die Rhabarberstangen waschen, putzen und in lange Stücke schneiden. 250 ml Wasser zusammen mit dem Zucker in einer Pfanne mit hohem Rand aufkochen. Den Rhabarber darin etwa vier Minuten lang dünsten und dann zur Seite stellen.

Die Butter gemeinsam mit dem Zucker schaumig rühren. Nach und nach die Eier hinzufügen. Das Mehl zusammen mit dem Puddingpulver und dem Backpulver vermischen und eßlöffelweise mit der Milch unterrühren.

Den Teig auf ein gefettetes Backblech glattstreichen. Jetzt die Rhabarberstangen schräg auf dem Teig verteilen, dabei leicht in den Teig eindrücken. Den Kuchen im auf 200 Grad vorgeheizten Backofen etwa 30 Minuten lang gold-braun backen.

Den Zucker in einer Pfanne leicht karamellisieren. Die Butter und die Mandeln darin wenige Minuten köcheln. Jetzt den Honig unterrühren. Diese Masse nach etwa 25 Minuten Backzeit auf dem Kuchen verteilen und dann zu Ende backen.

Den Kuchen aus dem Ofen nehmen und ihn abkühlen lassen. Im Anschluss mit den Johannisbeeren dekorieren.

Theo Wieder

Oberbürgermeister
Frankenthal

Die erste Vorstellung bei den Schwiegereltern ist ja immer so eine Sache. Das war bei mir nicht anders, das können Sie mir glauben. Meine Nervosität an jenem Sonntagnachmittag legte sich aber schon in dem Moment, als ich gesehen habe, welcher Sonntagskuchen auf dem Tisch stand: Es war ein herrlicher Rotweinkuchen! Also alles andere als ein gewöhnlicher, einfacher Kuchen, den es in jeder Bäckerei zu kaufen gibt. Seither habe ich, wenn ich diesen Rotweinkuchen esse, immer diese besondere Erinnerung – und verspüre den bis heute gebliebenen, ausgefallenen Genuss. Deshalb empfehle ich Ihnen beim Nachbacken zu einem guten Tropfen Rotwein zu greifen, auch wenn der Rotwein vielleicht einen Teil seines Geschmacks verliert. Die Schokolade bitte selbst reiben, denn dann wissen Sie, dass Sie gute Schokolade gekauft haben. Zugegeben, das ist zwar alles ein bisschen Mühe, aber Ihre Gäste werden es Ihnen danken – und Sie für Ihre Konditorkünste loben. So wie ich einst meine Schwiegereltern gelobt habe. Und das kam an!

Rotweinkuchen (vorderpfälzisch)

200 g	Butter
200 g	Zucker
5	Eigelbe
5	Eiweiße
250 g	Mehl
¾ Pk.	Backpulver
100 g	geriebene Schokolade
125 ml	Rotwein

Die warme Butter mit dem Zucker und den Eigelben einige Minuten schaumig rühren.

Das Mehl mit dem Backpulver vermischen, dann mit der geriebenen Schokolade.

Die Mehlmischung löffelweise unter die Buttermasse verrühren. Die zuvor zu Schnee geschlagenen Eiweiße unterheben.

Den Teig in eine gefettete Springform (26 cm) geben und bei 160 Grad etwa 50 bis 60 Minuten lang backen.

Den Kuchen anschließend etwas abkühlen lassen. In dieser Zeit den Rotwein mit etwas Zucker kurz aufkochen.

Mit einer Backnadel mehrfach den oberen Rand des Kuchens einstechen und mit dem abgekühlten Rotwein den Kuchen tränken.

Fritz Brechtel

Landrat
Kreis Germersheim

In der Pfalz gibt es nicht nur vielfältige Ansätze, gemeinsame Politik zu gestalten, sondern fast noch mehr Möglichkeiten, Kuchenrezepte zu variieren. Dies zeigt sich auch beim Rotweinkuchen am Beispiel des Rezeptes meines Freundes Theo Wieder. Auch für ihn geht nichts über einen Rotweinkuchen, allerdings mit einem wesentlichen Unterschied: er gibt den Rotwein nach, ich hingegen vor dem Backen in den Kuchen. Welcher bei Ihren Lieben besser ankommt, das müssen Sie selbst ausprobieren. Auf eines aber sollten Sie achten: Auf eine Top-Qualität beim Kakao und beim Wein – am besten kräftigen Pfälzer Rotwein verwenden. Das ist zumindest ein Part, den ich bei meinem Sonntagskuchen übernehmen kann – denn meine eigenen Backkünste sind eher bescheiden. Insofern backt immer meine Frau – in bester Qualität. Und wenn ich nicht gerade den Rotwein für den Rotweinkuchen besorge, dann pflücke ich eben in unserem Garten Zwetschgen. Neben Rotweinkuchen ist nämlich auch der Zwetschgenkuchen ein Genuss – am besten zusammen mit Pälzer Grumbeersupp.

250 g	Mehl
250 g	Zucker
250 g	Butter
250 ml	Rotwein
4	Eier
1 Pk.	Backpulver
1 Pk.	Vanillezucker
6 EL	Schokostreusel
3 EL	dunklen Kakao
1 TL	Zimt
150 g	dunkle Kuvertüre

Aus allen oben genannten Zutaten einen Rührteig herstellen. Dazu die Butter mit dem Zucker schaumig rühren.

Anschließend das Mehl und das Backpulver abwechselnd mit den Eiern hinzugeben.

Danach alle restlichen Zutaten, also Rotwein, Vanillezucker, Schokostreusel, Kakao und Zimt hinzufügen.

Den Teig in eine mit Backpapier ausgelegte Kastenform füllen und bei 180 Grad Ober/Unterhitze ungefähr 55 Minuten backen. Danach den Kuchen abkühlen lassen.

Die Kuvertüre im Wasserbad schmelzen und damit den Kuchen glasieren.

Tipp: Der Kuchen hält sich sehr lange saftig und frisch.

Rotweinkuchen (südpfälzisch)

Wissen Sie, was mich immer wieder ärgert? Dass man beim Konsum von leckeren Kuchen und grandiosen Torten hinterher immer ein schlechtes Gewissen hat. Fett, Kalorien, Zucker, Sahnebombe – all das geistert einem noch Stunden später durch den Kopf. Also habe ich mich bei meinem Sonntagskuchen auf meine Schweizer Herkunft besonnen und die Patenschaft für den Rüblikuchen übernommen. Der drängt dank Karotten das schlechte Gewissen soweit nach hinten, dass man – wie ich finde – guten Gewissens zuschlagen kann. Zumal, wenn man wie ich Karotten aus rein biologischem Anbau verwendet. Sie sind saftiger, knackiger und gesünder. Das wissen inzwischen auch meine Kinder, die beim Backen des Rüblikuchens regelmäßig mit dabei sind. Auf diese Weise lernen sie, dass Gemüse auch Spaß machen kann. Zur wahren Augenweide wird der Rüblikuchen dann, wenn Sie ihn nach dem Backen noch mit möglichst vielen Marzipan-Rübli belegen. Was uns dann aber wieder zum oben erwähnten Thema „schlechtes Gewissen" zurückführt. Aber besser Marzipan-Rübli als Karottengrün, oder?

Regula Gerber

Generalintendantin
Nationaltheater
Mannheim

Zucker und Eigelbe schaumig rühren. Den Saft der Zitrone sowie die abgeriebene Zitronenschale, das Salz, die Mandeln und die geriebenen Karotten beifügen.

Das zuvor gesiebte und mit dem Backpulver gemischte Mehl der Masse beigeben.

Die Eiweiße zu Eischnee schlagen (Achtung: Dabei ein sauberes Gefäß benutzen, da ansonsten die Eiweiße nicht steif werden!). Den Eischnee vorsichtig unter die Masse ziehen.

Eine Springform (26 cm) mit Butter einfetten und mit gemahlenen Mandeln bestreuen. Den Teig in die Springform geben und im vorgeheizten Backofen bei 180 bis 200 Grad etwa 60 bis 90 Minuten lang backen.

Zur Dekoration hübsche Marzipan-Rübli sternförmig im Kreis anordnen.

Rüblikuchen

6	Eigelbe
200 g	Zucker
1	Zitrone (unbehandelt)
1 Pr.	Salz
300 g	gemahlene Mandeln
300 g	geriebene Karotten
80 g	Mehl
½ Pk.	Backpulver
6	Eiweiße
	Deko-Rübli

Langjähriger Vorstandsvorsitzender Fuchs Petrolub

Manfred Fuchs

Den Sonntagskuchen erst am Sonntagnachmittag zu genießen, damit kann ich mich nun überhaupt nicht anfreunden. Da wäre mir die Wartezeit auf diesen wichtigen Bestandteil eines jeden Wochenendes viel zu lange. Deshalb verzichte ich schon beim Frühstück dankend auf Schinken, Käse und Ei – und greife stattdessen in Verbindung mit einer guten Tasse Kaffee zu meinem Sonntagskuchen. Ist dieser dann noch eine Sachertorte, so weiß ich es ganz besonders zu schätzen, dass sich Kalorien bei mir nicht „einlagern". Das ist wahrlich ein Geschenk der Natur, weshalb ich einem zweiten Tortenstück am Nachmittag durchaus positiv gegenüber stehe. Zumal die Torte ja schon da ist... Dennoch sagen mir natürlich mein Kopf und die Grundsätze einer bewussten Ernährung, dass Sachertorte nicht jeden Sonntag auf dem Tisch stehen kann. Schade – und auch wieder gut so, denn leichte Rühr- und Obstkuchen sind mir schweren Cremetorten gegenüber sowieso lieber. Ob so oder so, eines aber steht fest: Ein Wochenende ohne Kuchen oder Torte ist ganz klar ein verlorenes Wochenende!

200 g Butter
200 g Zucker
200 g bittere Schokolade
200 g gemahlene Mandeln
7 Eier
Aprikosen-Marmelade
Marzipan-Rohmasse
Kuvertüre (dunkel)

Sachertorte

Die Eier in Eigelbe und Eiweiße trennen.

Die warme Butter mit dem Zucker, den Eigelben und den gemahlenen Mandeln gut verrühren. Die zuvor im Wasserbad zerlaufene Schokolade dazugeben.

Die Eiweiße mit einer Prise Salz fest schlagen und darunterheben.

Eine Springform mit Backpapier auslegen, den Kuchenteig einfüllen und bei 160 Grad zwischen 45 und 60 Minuten lang backen.

Nach dem Erkalten den Kuchen obenauf mit Aprikosenmarmelade bestreichen und mit dünn ausgerolltem Marzipan belegen. Darüber eine dunkle Schokoladenglasur ziehen!

Tipp: Zu besonderen Anlässen (z. B. Geburtstag) den Kuchen mit kleinen Kerzen oder Marzipan-Herzen verzieren.

Peter Künzler

Unternehmer

Was ist eigentlich ein wirklich besonderer, ausgefallener Sonntagskuchen? Ein Erdbeerkuchen? Den erhalten Sie im Frühjahr in jeder Konditorei. Ein Käsekuchen? Den backt jeder Koch in seiner Fernsehsendung, das Internet ist voll von Käsekuchen-Rezepten. Eine Schwarzwälder Kirschtorte? Sie ist zwar zum Anschauen eine Pracht, aber ausgefallen? Das ist sie auch nicht wirklich. Da lobe ich mir meine Schneetorte als exquisiten Sonntagskuchen. Sie ist, wie ich finde, eine Torte, die es so nicht zu kaufen gibt – und deshalb auch Anlass für mich, sie in diesem Buch weiter zu empfehlen. Natürlich ist sie nicht so schnell fertig wie ein Erdbeer- oder Marmorkuchen, aber Standard wäre ja auch zu langweilig, finden Sie nicht? Das Zusammenspiel von Sahne, Mandeln, Kirschen und Eischnee macht sie zu einem originellen Erlebnis einer sonntäglichen Kaffeetafel. Und – wenn wir ehrlich sind – darum geht es ja auch ein wenig. Insofern wünsche ich Ihnen viel Spaß beim Nachbacken und bin mir sicher, dass Ihre Gäste Sie um diese Torte beneiden werden.

Schneetorte

Teig

100 g	Butter
100 g	Zucker
1 Pk.	Vanillezucker
	Salz
4	Eigelbe
125 g	Mehl
½ TL	Backpulver

Belag/Füllung

4	Eiweiße
200 g	Zucker
100 g	gehobelte Mandeln
500 g	Sauerkirschen (Glas)
1 Pk.	Tortenguss
500 g	Sahne
2 Pk.	Sahnesteif
2 TL	Zucker

Für den Rührteig die warme bzw. flüssige Butter mit Zucker, Vanillezucker, Salz und Eigelben schaumig rühren. Nach und nach Mehl und Backpulver untermischen.

Die Eiweiße steif schlagen, den Zucker vorsichtig unterheben.

Aus dem Teig zwei getrennte Kuchenböden backen. Dazu die Hälfte des Teiges auf den Boden einer gefetteten Springform streichen. Die Hälfte des Eischnees darauf geben und ebenso die Hälfte der Mandeln. Mit dem anderen Boden genauso verfahren. Beide Böden bzw. Springformen in den Ofen schieben und bei 190 Grad etwa 20 Minuten lang backen.

Sollten Sie keine zwei Springformen zur Verfügung haben, die Kuchen alternativ getrennt hintereinander backen.

Während des Backvorganges die Sauerkirschfüllung zubereiten. Dazu den Guss nach Anleitung erwärmen und die abgetropften Kirschen unterheben. Die Masse leicht abkühlen lassen.

Sahne, Sahnesteif und Zucker schlagen. Jetzt den erkalteten, ersten Boden mit der Hälfte der Kirschmasse belegen und anschließend mit der Hälfte der Sahne bestreichen. Den zweiten Boden darauf legen und auch ihn mit Kirschmasse und Sahne bestreichen. Nach Belieben mit Mandelblättchen dekorieren.

Regina Pfriem

Geschäftsführerin Zukunft Metropolregion Rhein-Neckar

Wenn man mich vor die Wahl stellen würde, an einem Buffet entweder ein Steak oder etwas Süßes zu nehmen, dann nehme ich immer das Süße! Vor allem dann, wenn das „Süße“ so lecker ist wie mein eigener Schokoladenkuchen. Mein Rezept geht zurück auf die Generation meiner Großmutter (geboren im Jahr 1897). Wenn ich mir die Zutatenliste heute anschaue, wird schnell klar, dass es sich um ein „altes“, weil „üppiges“ Rezept handelt. Schließlich hat man sich solche Torten früher nicht jeden Sonntag, sondern vor allem zu Festtagen wie Geburtstag oder Weihnachten gegönnt. Was auch noch für meine Schokoladentorte spricht: Sie lässt sich vielfältig variieren und immer wieder neu „entdecken“. Wer kein Kirschwasser mag, nimmt Rum oder verzichtet ganz auf Alkohol – dann einfach die Menge an Wasser entsprechend erhöhen. Ebenso individuell an den eigenen Geschmack oder Anlass angepasst, kann die Dekoration auf dem Schokoladen- oder Zuckerguss sein: Ob Puderzucker-Muster, Marzipan- oder Schokoladendekore – der Phantasie sind keine Grenzen gesetzt.

300 g	Butter
300 g	Zucker
7	Eigelbe
150 g	geriebene Schokolade
100 g	gemahlene Haselnüsse
3 EL	heißes Wasser
1 Schuss	Kirschwasser, alternativ Rum
200 g	Mehl
1 Pk.	Backpulver
7	Eiweiße
	Schokoladenüberzug

Schokoladentorte

Die warme Butter, den Zucker und die Eigelbe schaumig rühren. Nach und nach die geriebene Schokolade und die gemahlenen Haselnüsse dazugeben.

3 Esslöffel heißes Wasser und das Kirschwasser bzw. den Rum dazugeben.

Backpulver und Mehl mischen und ebenfalls nach und nach hinzufügen.

Die Eiweiße zu Schnee schlagen (hierfür ein fettfreies Rührgefäß verwenden, da ansonsten die Eiweiße nicht steif werden). Anschließend unter die Teigmasse heben.

Eine Springform (Durchmesser 26 bis 28 cm) einfetten und mit Mehl oder Semmelbröseln ausstreuen.

Den Teig hinein füllen und bei etwa 180 Grad Umluft 60 bis 70 Minuten lang backen. Nach dem Erkalten mit Schokoladenguss oder mit Zuckerguss mit Rum oder Zitrone überziehen.

Wann werden fünf Winzer aus der Südpfalz kreativ? Entweder, wenn sie lange genug über Böden, Sorten und Lagen fachsimpeln, oder wenn sie gemeinsam den Siebeldinger Hefe-Nuss-Zopf genießen. Er ist von den Treffen unserer Winzergruppe nicht mehr wegzudenken. Und vielleicht auch schon bald nicht mehr von Ihrer sonntäglichen Kaffee-Tafel – denn ich kann Ihnen das Rezept meiner Mutter wärmstens empfehlen. Ein wunderbar saftiger, frischer Hefezopf, wie es ihn so nicht mehr oft zu kaufen gibt. Aber nur unter einer Bedingung: Sie müssen die Haselnüsse selbst mahlen. Fertige aus der Tüte – das funktioniert nicht. Am besten, Sie nehmen eine spezielle Reibe, die die Nüsse sowohl grob wie fein reibt, denn auf diese Mischung kommt es an. Und natürlich darauf, dem Hefe-Teig beim Gehen viel Zeit zu geben. Zeit und Arbeit, die sich aber schlussendlich auszahlt – und dann zu Ideen wie den Amici-Weinen regelrecht anstiftet. Insofern sind für mich alle guten Dinge nicht fünf, sondern sogar sechs: Fünf Winzer plus den Siebeldinger Hefe-Nuss-Zopf.

Hansjörg Rebholz

Winzer

Siebeldinger Hefe-Nuss-Zopf

Zutaten für zwei Zöpfe

1.000 g	Mehl
2 Würfel	Hefe
2 EL	Zucker
500 ml	Milch (lauwarm)
2	Eier
5 EL	Zucker
1 ½	Kaffeelöffel Salz
250 g	Margarine (lauwarm)
	Butter

600 g	gemahlene Haselnüsse (oder Mandeln)
150 g	Zucker
2	Eier
200 g	Sahne
	Puderzucker

Aus dem Mehl, der Hefe, den 2 EL Zucker und der lauwarmen Milch einen Vorteig herstellen, diesen dann an einem warmen Ort zugedeckt gehen lassen.

Die Eier, die 5 EL Zucker, das Salz und die Margarine zufügen, gut verarbeiten und den Teig so lange schlagen, bis er sich vom Rand der Schüssel löst.

Jetzt den Teig dünn ausrollen und mit einem Pinsel die flüssige Butter darauf verstreichen. Die Haselnüsse (oder Mandeln) mit 150 g Zucker, 2 Eiern und der Sahne vermischen und auf den Teig streichen.

Die Teigplatte rollen, halbieren und der Länge nach durchstreichen. Die Teigstücke umeinander schlingen (das ergibt zwei Zöpfe) und im auf 190 Grad vorgeheizten Backofen etwa 30 bis 35 Minuten lang backen.

Auf den noch warmen Hefezopf einen Zuckerguss aus Puderzucker, etwas Wasser und einem Spritzer Zitronensaft streichen.

Geschäftsführer
Popakademie
Baden-Württemberg

Udo Dahmen

Ich reise gerne, besonders nach Mallorca. Nicht nur, um dort mit meiner Frau den Urlaub zu verbringen, auch und vor allem wegen der spanischen Küche: Frito mallorquin (Gebratenes vom Schwein), Calamares Rellenos (gefüllte Tintenfische) und Boquerones (ausgebackene Sardinen) sind echte Gaumenfreuden und in der dortigen Gastronomie auf praktisch jeder Speisekarte ein absolutes Muss. So wie auch eine besondere Spezialität der Mallorquiner: die Mandeltorte. Ich habe sie kennen und schätzen gelernt, denn sie ist nicht zu süß und schmeckt besser als jede noch so gute Tapas. Schade eigentlich, dass meine Frau die Torte nur drei bis vier Mal im Jahr backt. Wobei der Aufwand dies natürlich rechtfertigt. Am besten schmeckt die Torte nämlich, wenn man ganze Mandeln kauft und diese dann selbst aufschneidet (statt fertige Mandelblättchen zu benutzen). Das erfordert natürlich Arbeit und viel Geduld – und die hat nicht jeder. Empfehlenswert ist es auch, darauf zu achten, frische Mandeln (also die aus der letzten Ernte) zu verwenden! Dann wird die Torte ein echter Genuss.

Teig

200 g Mehl
50 g Zucker
100 g Butter
1 Ei
1 EL Milch

Füllung

150 g ganze Mandeln (ungeschält)
4 Eier
50 g Zucker
4 EL Cream Sherry
abgeriebene Schale von 1 Zitrone (unbehandelt)
1 Pr. Salz

Spanische Mandeltorte

Aus Mehl, Zucker, Butter, Ei und Milch einen Mürbeteig herstellen, diesen zu einer Kugel formen und – in Folie eingepackt – 30 Minuten in den Kühlschrank legen.

Mandeln mit kochendem Wasser überbrühen, in ein Sieb schütten und mit kaltem Wasser abschrecken. Die Mandeln dann durch Fingerdruck aus den braunen Schalen lösen, trockentupfen und fein mahlen. Alternativ können notfalls auch gemahlene Mandeln aus der Tüte verwendet werden.

Die Eier trennen, die Eigelbe mit dem Zucker schaumig schlagen. Die gemahlenen Mandeln, den Cream Sherry und die abgeriebene Zitronenschale untermischen.

Die Eiweiße mit dem Salz zu Eischnee schlagen. Anschließend den Eischnee gleichmäßig unter die Masse heben. Dann den Backofen auf 220 Grad vorheizen.

Eine Springform (Durchmesser 26 cm) einfetten, den Mürbeteig auf einer bemehlten Arbeitsfläche ausrollen. Die Form mit dem Teig auskleiden und einen etwa 3 cm hohen Rand formen. Die Mandelmasse gleichmäßig auf dem Teig verteilen und glattstreichen. Die Torte im vorgeheizten Backofen etwa 30 Minuten lang backen.

Hauptgeschäftsführer IHK Pfalz

Ehrlich gesagt, habe ich zu Kuchen generell ein gespaltenes Verhältnis, oder besser: gar keines. Wenn Sie zwei Schwestern haben, die in ihrer Jugend die Leidenschaft für das Backen entdecken, aber beim ersten Erfolgsrezept stehen bleiben, dann wissen Sie, wovon ich spreche. Für meine Kindheit bedeutete dies, dass die ganze Familie über Jahre hinweg jeden Sonntag mit Marmorkuchen beglückt wurde. Eine Endlosschleife, die einen zum überzeugten Kuchenabstinenzler macht. Bis mir eines Tages ein Journalist Anstoß für meine „selektive" Rückkehr zum Kuchen gegeben hat. Er weckte bei mir Begeisterung für die „Torte der französischen Schwestern Tatin", so dass ich dieses Rezept auf meine To-Do-Liste als Hobby-Koch gesetzt habe. Mein Erstlingswerk ist kein Einzelstück geblieben – ich denke oft an den Journalisten zurück, dem ich diesen unübertrefflichen Genuss verdanke. Zwar ist die Tarte eine Kalorienbombe, ich sehe sie aber eher als „Balsam für die Seele" oder auch als einen willkommenen Abschluss eines frugalen Sonntagsmahles.

Rüdiger Beyer

Tarte Tatin

500 g	Mürbeteig (alternativ TK-Blätterteig)
800 g	säuerliche Äpfel (je nach Durchmesser der Kuchenform auch mehr)
200 g	Zucker
80 g	Butter

Für diese Spezialität benötigt man eine flache und hitzebeständige bzw. ofenfeste Kuchenform (aus Keramik oder Gusseisen, ggf. auch eine ofenfeste Pfanne). Diese wird auf dem Herd bei mittlerer Temperatur erhitzt.

In der jetzt warmen Pfanne 170 g Zucker karamellisieren (solange, bis der Zucker schön braun ist und Blasen wirft). Anschließend 50 g Butter darauf verteilen und kurz mit der karamellisierten Masse „brutzeln". Die Backform dann vom Herd nehmen.

Äpfel schälen, entkernen und in sechs Spalten teilen. Vom Rand beginnend die Apfelscheiben mit der gewölbten Seite nach unten im Kreis aneinander in die Form legen. Die nächste Reihe an Apfelscheiben mit der gewölbten Seite nach oben in die Zwischenräume der äußeren Reihe legen. In dieser Weise die Form bis in die Mitte auslegen.

Die Apfelscheiben mit dem übrigen Zucker bestreuen und darauf die restliche Butter in Stückchen verteilen. Jetzt die Form mit Mürbe- oder Blätterteig belegen und im vorgeheizten Backofen bei 180 Grad rund 40 Minuten backen.

Nach dem Backen zehn Minuten ruhen lassen, dann die Form auf einen Teller oder eine schnittfeste Platte stürzen. Den Kuchen in Stücke schneiden und mit Schlagsahne, Puderzucker, Zimt und/oder Vanilleeis noch warm servieren.

Für kreative Hobbybäcker noch ein Tipp: Statt mit Äpfeln können Sie es auch einmal mit Pfälzer Feigen probieren!

Viele Männer sagen, dass sie mit Kochen und insbesondere mit Backen nichts am Hut haben. Nachvollziehen kann ich das nicht. Im Gegenteil. Bei uns zu Hause herrscht klare Arbeits- und Aufgabenverteilung. Meine Frau kocht, ich backe. Warum ich mich für das Backen so begeistere? Weil die ganze Familie in der Küche steht und mithilft – eben eine hoch-kommunikative Angelegenheit. Und weil man sich schon nach gut einer Stunde über das Ergebnis so richtig freuen kann. Das gibt es doch in der Politik nur selten. Wichtig aber ist eines – egal ob im Beruf, im Privaten oder eben an der Rührschüssel: Es muss eine Herzensangelegenheit sein, nur dann ist ein gutes Ergebnis wirklich garantiert. Für die Zubereitung des Kuchens bedeutet das: Sich die Zeit zu nehmen, die Butter im Topf anzuwärmen, die Eier nicht direkt aus dem Kühlschrank zu nehmen und sich die Mühe machen, das Mehl sorgfältig zu sieben. Dinge, die mir meine Tante Therese in jungen Jahren schon gepredigt hat. Nicht ohne Grund, denn ihre Torte ist ein wahrer Hoch-Genuss.

Stefan Dallinger

Landrat
Rhein-Neckar-Kreis

Torte Therese

200 g	Zucker
200 g	Mehl
½ TL	Backpulver
4	Eier
2 EL	Kakao
500 ml	Sahne
1 Dose	Mandarinen
2	Bananen
3 TL	Kakao
250 ml	Sahne (zum Verzieren)
	Schokoladenraspel (zum Verzieren)

Die Zutaten für den Teig (Zucker, Mehl, Backpulver und Eier) mischen. Den Kuchenteig in eine gefettete Springform füllen und 20 Minuten lang bei 200 Grad backen.

Den Kuchen abkühlen lassen und aus der Form nehmen. Jetzt den Boden mit einem Messer und ggf. einer Kuchenschneidehilfe zwei Mal teilen, so dass drei gleich dicke Tortenböden entstehen.

Die Sahne steif schlagen. Die Mandarinen abtropfen lassen und die Bananen in Scheiben schneiden. Den unteren Boden mit der Hälfte der Sahne bestreichen und mit Mandarinen und Bananenscheiben belegen. Danach den zweiten Tortenboden auflegen.

Die zweite Hälfte der Sahne mit drei Teelöffeln Kakaopulver kurz aufschlagen. Diese dann auf den zweiten Tortenboden aufstreichen. Den letzten Tortenboden darauf legen.

Die Sahne zum Verzieren schlagen und die Torte rundum mit Sahne bestreichen und anschließend mit Schokoladenraspeln verzieren.

Intendant Theater im Pfalzbau

Hansgünther Heyme

Ein Kuchen der besonderen Art ist mein Sonntagskuchen. Es ist nämlich gar kein richtiger Kuchen. Seit ich meine Frau, eine Ungarin (jetzt Deutsche), kennen gelernt habe, gibt es für mich nichts Besseres als ungarische Palatschinken. Das ist unser Kuchen! Ich sage Ihnen auch, warum: Das tolle an den Palatschinken ist, dass sie sich fast immer zubereiten lassen, weil die benötigten Zutaten in der Regel immer in der Küche vorrätig sind. Und es dauert nicht lange, bis sie fertig sind. Herz, was willst Du mehr? Der Palatschinken nimmt bei uns den höchsten Stellenwert ein. Er wird humorvoll und demokratisch hergestellt. Ein Event, bei dem die ganze Familie – ich habe zwei Söhne – mit anpackt. Alleine will ich nicht, kann ich auch nicht. Und an die Kalorienzähler sei gesagt: Wir leben in einer herrlich-schlimmen, sündhaften Zeit. Unser Palatschinken bildet das Zentrum des bösen Konsums, weil er einfach köstlich ist. Wir sind uns beim Verzehr aller Sünden bewusst und begehen diese mit Genuss. Also, auf was warten Sie noch?

Ungarische Palatschinken

500 g	Mehl
2	Eier
1 MP	Salz
2 TL	Zucker
100 ml	Milch
	Mineralwasser

Mehl, Eier, Salz und Zucker in eine Rührschüssel geben, bei ständigem Rühren mit einem Rührgerät Milch und Mineralwasser hinzugeben. Sie müssen solange Mineralwasser untermischen, bis der Teig ungefähr die Konsistenz von Sahne erreicht.

Nun muss der Teig etwa zehn Minuten ruhen.

Zum Backen eignet sich eine beschichtete, flache Pfanne. Vor dem Backen wird der Teig noch einmal durchgerührt und ein Schuss Sonnenblumenöl untergemischt.

Beim ersten Palatschinken nur ganz wenig Öl in die Pfanne gießen, es verteilen und mit kreisrunden Bewegungen dann richtig heiß werden lassen. Anschließend eine Kelle voll Teig in die Pfanne geben und den Teig mit ebenfalls kreisrunden Bewegungen verteilen.

Mit einem flachen Pfannenwender lässt sich der Palatschinken drehen – wenn sich der Teig überall gefestigt hat. Wenn die Ränder sich lösen, können Sie schon vorsichtig anfangen, den Teig mit dem Pfannenwender zu „lüften", aber Vorsicht: er darf nicht reißen. Die geübten können den Palatschinken auch in die Luft werfen und ihn so drehen. Der Trick dabei ist, ihn nicht allzu hoch werfen zu wollen.

Tipp: Beim Eingießen des Teiges in die Pfanne darauf achten, dass die Palatschinken möglichst hauch dünn und nicht zu braun werden – eher pergamentfarben. Zum Füllen eignen sich Zucker, Kakao, Marmelade, Pudding, Nutella und Ahornsirup.

Geschäftsführer Rhein-Neckar Fernsehen

Bert Siegelmann

Es ist ja bekanntermaßen nicht besonders klug, seine Schwächen zu verraten. Für dieses Sonntagskuchen-Buch aber will ich eine einzige Ausnahme machen. Es gibt nämlich in der Tat eine Möglichkeit, wie man sich bei mir etwas Sympathie „erkaufen" kann. Nämlich indem man mir einen Walliser Nusskuchen backt. Das ist mein absoluter Lieblingskuchen. Das alleine wäre aber zu einfach. Die Kunst liegt schon darin, dass der an sich trockene Kuchen innen feucht sein muss. Kleiner Tipp: Nicht an den Eiern sparen (bloß keine mit Gewichtsklasse S verwenden – Kaufen Sie mindestens eine Stufe höher!). Ganz besonders kann ich den Kuchen dann genießen, wenn ein Glas Pflaumenmus in Reichweite steht – und ich damit den Kuchen noch obenauf verfeinern kann. Dazu noch eine schöne Tasse Tee – Herz, was willst Du mehr? An all die, die jetzt auf den Gedanken kommen, mir diesen Kuchen auf den Tisch zu stellen, und ein paar Wünsche „unauffällig" nachzuschieben, sei aber eines gesagt: Die allerbeste Art und Weise, diesen Kuchen herzustellen, beherrscht einzig und alleine meine Frau. Kostenintensive Wünsche kann also ausschließlich sie von mir verlangen!

Walliser Nusskuchen

250 g	Walnusskerne
½ EL	Butter
200 g	Zucker
150 g	Haselnusskerne
50 g	Zwieback
6	Eier
2 TL	Backpulver
100 g	Kuvertüre (dunkel)

Zum Garnieren acht Walnusskerne beiseitelegen. 100 g Walnüsse feinhacken.

Die Butter in einer Pfanne erhitzen, die gehackten Walnüsse hinzugeben und unter Wenden rösten. Mit ½ EL Zucker bestreuen und leicht karamellisieren. Anschließend aus der Pfanne nehmen und abkühlen lassen.

Die übrigen Walnüsse und die Haselnüsse fein mahlen. Den Zwieback zwischen Folie mit einem Nudelholz zerdrücken.

Eine Kuchenkastenform (30 cm) mit Backpapier auslegen und den Backofen auf 180 Grad vorheizen. Die Eier schaumig rühren. Den restlichen Zucker und die gemahlenen Nüsse langsam hinzugeben. Das Zwieback-Mehl mit dem Backpulver mischen und mit den gehackten Nüssen unter den Teig mengen.

Den Teig in die Form füllen, glattstreichen und auf mittlerer Schiene 50 Minuten backen (Garprobe mit Holzspießchen). Den Nusskuchen im abgeschalteten Backofen noch zehn Minuten ruhen lassen, dann aus der Form stürzen und abkühlen lassen.

Die Kuvertüre im Wasserbad auflösen und den Kuchen damit überziehen. Zum Schluss die acht Walnusskerne auf die noch feuchte Kuvertüre legen.

Katja Schweder

Es gibt wohl niemanden, der nicht schon mal ein richtig peinliches Erlebnis hinter sich gebracht hat. Momente, in denen man am liebsten im Erdboden versinken und gar nicht mehr wieder auftauchen will. Ein solches Erlebnis hatte ich im Jahr 2001 bei meinem Aufenthalt in Australien. Ich wollte meinen dortigen WG-Mitbewohnern beweisen, wie gut und lecker deutsche Kuchen sind. Das ging, ehrlich gesagt, mächtig daneben und ich konnte mir einiges anhören. Das habe ich aber nicht auf mir sitzen lassen und, wieder zu Hause angekommen, Nachhilfe bei meiner Mutter genommen. Parallel dazu habe ich überlegt, wie ich Kuchen- und Weinkenntnisse kombinieren kann. Die Idee zu „meinem" Sonntagskuchen kam dann schließlich auf dem Bauernhof meines Großvaters bei Zweibrücken: Ein Weißburgunder-Kuchen mit Äpfeln von Opas Streuobstwiese. Und auch wenn ich bis heute immer noch kein „Profi" in Sachen Kuchen und Torten bin, so bin ich wenigstens bei der Auswahl des Weines recht erfolgreich. Deshalb empfehle ich Ihnen auch unbedingt einen Weißburgunder zu verwenden.

Ehemalige Pfälzische und Deutsche Weinkönigin

Weißburgunder-Kuchen

1.000 g	Äpfel
2 Pk.	Puddingpulver (Vanille)
250 g	Zucker
2 Pk.	Vanillezucker
750 ml	Weißburgunder
250 g	Mehl
1 TL	Backpulver
125 g	Butter
125 g	Zucker
1	Ei

Die Äpfel schälen, vierteln, deren Kerngehäuse entfernen und sie in Spalten schneiden.

Aus Puddingpulver, Zucker, Vanillezucker und Wein einen Pudding kochen, die Apfelspalten hinzufügen und unterrühren.

Aus Mehl, Backpulver, Butter, Zucker und Ei einen Mürbeteig bereiten. Eine Springform mit Backpapier auslegen, Teig darauf ausrollen und einen etwa 3 cm hohen Rand hochziehen. Teig mehrmals mit einer Gabel einstechen, auch den Rand.

Den etwas abgekühlten Apfel-Wein-Pudding auf den Teig geben und glatt streichen. Im vorgeheizten Backofen bei 180 Grad etwa 60 Minuten backen.

Den fertigen Kuchen noch etwa 15 Minuten im abgeschalteten Backofen stehen lassen. Den Rand der Springform erst nach dem Erkalten entfernen.

Judith Kauffmann

SWR-Moderatorin

Mein liebster Kuchen ist eigentlich ein Werktags-Kuchen. Ich bringe ihn regelmäßig zu Film-Dreharbeiten mit, um meine Kamerateams bei Laune zu halten. Schließlich drehen wir meine Acht-Minuten-Filme „Judith trifft“ immer an einem Tag. Insider wissen, dass das „viel Holz“ ist. Da hilft es, wenn sich das Team auf eine kleine Pause mit meinem Zitronenkuchen freuen kann. Der ist süß und sauer gleichermaßen, saftig und darüber hinaus unkompliziert aufzubewahren. Was ich an ihm besonders mag: Das Zitronige im Kuchen ist nicht in Dr. Oetkers Aromen-Labor entstanden, sondern pure Natur. Und: Die gehackten Mandeln erinnern mich bei jedem Biss an „moi Palz“, heißt: an die Mandelbäume entlang der Weinstraße. Kennengelernt habe ich meinen Zitronenkuchen im Übrigen bei einem tristen Anlass: mein Seelchen hatte nach drei stressigen Berufsjahren gestreikt, ich litt an einer Depression. In der Fachklinik, in der ich behandelt wurde, hat eine Mit-Patientin, der es schon besser ging, mir ihr Schweizer Zitronenkuchen-Rezept „vermacht“. Und es hat auch mir geholfen.

Zitronenkuchen

250 g	Butter
190 g	Zucker
5	Eier
4–5	Zitronen (unbehandelt)
100 g	Zucker
200 g	Mehl
100 g	gehackte Mandeln
2 TL	Backpulver

Die zimmerwarme Butter mit 190 g Zucker rühren, bis dieser sich gelöst hat. Dann nach und nach die Eier hinzugeben und solange rühren, bis der Teig schön cremig ist.

Jetzt die abgeriebenen Zitronenschalen beigeben. Mehl, Mandeln und Backpulver vermischen und unter die Butter-Ei-Masse rühren. Die Masse noch mit dem Saft einer halben Zitrone ergänzen.

Diesen Teig auf ein gefettetes und mit Backpapier ausgeschlagenes Backblech verstreichen (ich persönlich benutze lieber eine emaillierte Braten-Reine, die ist etwas kleiner als ein Backblech). Den Kuchen im auf 175 Grad vorgeheizten Backofen etwa 15 Minuten backen (Garprobe: Mit Stricknadel in den Teig stechen; bleibt kein Teig kleben, ist der Kuchen gar.)

Nun kommt das, was den Kuchen so schön zitronig macht: Während des Backens den Saft von vier Zitronen ausdrücken und mit 100 g Zucker gut verrühren. Mit der Stricknadel von eben in die Teigplatte des fertig gebackenen Kuchens Löcher stechen und den Zucker-Zitronen-Saft ganz sorgfältig über den ganzen Kuchen gießen. Wer es alkoholisch mag, kann auch noch etwas Zitronenlikör oder weißen Rum auf den Kuchen träufeln.

Jetzt den Kuchen am besten über Nacht durchziehen lassen. Am nächsten Tag in kleine Quadrate schneiden und genießen.

Tipp: Weil sowohl Zitronensaft als auch Zucker konservieren, hält sich der Kuchen in einer Plastikbox prima frisch.

Personen-verzeichnis

Impressum

Björn Kray Iversen

Der Norweger ist seit 10 Jahren in der Pfalz tätig und als Fotograf gut etabliert. Seine fotografischen Weitblicke sind in mehr als 30 Büchern zu bestaunen. Er genießt großen Respekt in der Deutsche Sterne-Gastronomie. Iversen arbeitet auch als Fotograf für die Rheinpfalz.

Herausgeber

HMV höma Verlags GmbH & Co. KG
Im Schlangengarten 56 | 76877 Offenbach
www.hoema-verlag.de

Redaktion

Axel Stefan Sonntag
Ziegelofenweg 41 | 67346 Speyer
www.axel-stefan-sonntag.de

Fotografie

Bjørn Kray Iversen (Alle Sonntagskuchen, Porträt Seite 12)
Jahnsstraße 11 | 76857 Albersweiler

Horst Hamann (Porträt Seite 108)
SWR (Porträt Seite 120)
übrige Porträts: privat

Bildreproduktionen, Gestaltung und Layout

Kaisers Ideenreich
Im Altenschemel 30 | 67435 Neustadt/Weinstraße
www.kaisers-ideenreich.de

Druck und Verarbeitung

NINO Druck GmbH
Im Altenschemel 21 | 67435 Neustadt/Weinstraße
www.ninodruck.de

ISBN: 978-3-937329-42-0